田村威文 著
Tamura Takefumi

わが国における会計と税務の関係

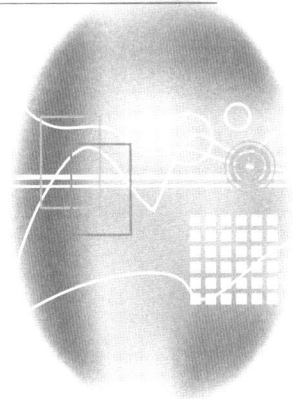

清文社

はしがき

　会計利益の計算（以下、会計という）と法人税の課税所得の計算（以下、税務という）はいずれも、ひとことでいうと「企業がいくら儲けたか」という計算である。その意味で、会計と税務の本質は同じである。しかし、会計と税務は完全に一致しているわけではない。本書は、わが国における会計と税務の関係をテーマとして取り上げ、両者の結びつきとそれがもたらす影響などについて考察したものである。

　筆者は大学教員の職につく前に、短期間ではあるが、外資系と国内系の2つの監査法人に在籍したことがある。両監査法人では、税に対するスタンスがかなり異なっているように感じられた。外資系監査法人では、会計は税とは別のものであると考え、会計処理にあたっては税法規定を重視せず、会計と税務の違いは税効果会計で調整すればよいというような雰囲気であった。それに対し、国内系監査法人では、会計処理の判断においても、税務上の取扱いというものをかなり重視していた。監査法人という同一職種でありながら、なぜこのような違いがあるのかという疑問をいだいた。そして「日本と米国では状況が異なるのだから、米国のように会計と税務を分けて考えることは日本では妥当といえないのではないか」「日本において会計と税務が強く結びついている点は、それなりにメリットがあるのではないか」と考えるようになった。

　筆者がこのような考えを持ってから、すでに10年以上が経過した。その間に、わが国の会計制度および税制は大きく変わった。会計と税務は分離する方向に進み、税効果会計も全面的に導入された。会計と税務

の関係は米国型に近づいていき、当時の私の考えとは異なる方向に進んだことになる。ただ、筆者は現在でも「会計と税務の関係はどのようなものか」「会計と税務の関係はどうあるべきか」という問題意識を持ち続けている。

　本書のあらましであるが、第1章ではわが国の企業会計制度の特徴であるトライアングル体制について整理している。会計と税務の関係をさらに細かくみると、トライアングル体制すなわち証取法会計・商法会計・税務会計の3者の関係であるといえる。第1章は本書の総論部分にあたる。第2章・第3章・第4章では、退職給付・合併・不良債権処理という個別テーマを取り上げ、会計基準と税制が絡み合って、それらの会計処理と税務処理にいかなる影響を及ぼしているのかを考察する。第5章と第6章では、無償資産譲渡の会計処理・中小企業の会計的裁量というテーマを取り上げる。これらは直接的には財務会計にかかる論点であるが、税務とかかわらせて検討する。第7章と第8章では、それまでの章が、どちらかといえば伝統的なアプローチを採用しているのに対し、ミクロ経済学の基礎理論およびゲーム理論という経済学的な手法を用いて、会計と税務の関係を考察する。

　本書を刊行することには若干のためらいがあった。その第1の理由は、筆者の研究が十分に進展していないことである。会計と税務の調整については歴史的な経緯があるが、本書では比較的最近の内容しか扱っていない。また、連結財務諸表の重要性が高まり、連結納税制度が導入され

たにもかかわらず、本書の議論は個別ベースに関するものに限られている。第２の理由は、会社法制定からそれほど時間がたっておらず、新たな会計関連規定が次々と公表されているなか、出版のタイミングが妥当かという疑問を持ったことである（事実、本書の校正中に会社法関係の法務省令が公布されたが、本書にはごく一部しか反映させることができなかった）。ただ、第１の理由については、自分の能力が乏しいにもかかわらず、悪い意味での「完璧主義」に陥ってしまうと、いつまでも刊行できないという事態になってしまう。そうなるよりは、不完全なものであってもそのことを十分に自覚したうえで出版するほうが、筆者の今後の研究へのステップになるという点で望ましいのではないか、と考えることにした。また、第２点については、会計基準等の設定・改正はおそらく今後も続くので、制度を研究対象とする限り、この問題は避けられないと判断した。

　本書は、「会計」と「税務」という２つの大きな山の間にある谷底に筆者が立って、左右にそびえる２つの山を交互に見上げているようなものである。その程度のものにすぎないが、谷底からしか見えない風景もあるではないかな、とも思っている。

　中村宣一朗先生には、大学院で指導教授になっていただいて以来、今日に至るまで、研究面でご指導を賜るとともに、いつも暖かく見守ってくださっている。先生にはいつまでもお元気でお過ごしいただき、ご指導を受け続けたいと願っている。高尾裕二先生にも、筆者が大学院に進学してから長年にわたってご指導いただいている。浅田孝幸先生からは、研究会などでいろいろとご教示いただいている。大学院在学時には宮本

匡章先生の授業に出席する機会を得ることができた。また、学部生時代には本間正明先生の財政学のゼミに参加させていただいたが、そのことは筆者の税に対する関心へとつながっている。その他多くの先生方から教えを受けているが、個人名をあげることができない非礼をお許しいただきたい。先生方のご期待に少しでも応えることができるよう、精一杯努力することが義務づけられていると強く感じる。

　河野正男先生、小口好昭先生、高橋宏幸先生をはじめとする中央大学経済学部の先生方には、研究・教育面で恵まれた環境を与えていただいている。「会計と税務の関係」という本書のテーマは、前述したように、監査法人において生じた筆者の問題意識にかかるものであり、実務経験の場を与えてくださった公認会計士の先生方には深く感謝している。

　本書は、財団法人納税協会連合会から出版助成を受けて刊行されたものである。同連合会に謝意を表したい。1997年度から2002年度にかけて、同連合会の税制研究グループの一員に加えていただき、『総合税制研究』に執筆する機会を得たが、本書の多くの章は同誌に掲載された論文に基づいている。また、清文社の小泉定裕社長、冨士尾榮一郎編集部長には、本書の出版にあたり大変お世話になった。心より御礼を申し上げる。

　最後に私事になるが、6年前に他界した父親と、神戸で一人暮らしをしている母親に感謝の言葉を述べることをお許しいただきたい。

　　2006年3月

　　　　　　　　　　　　　　　　　　　　　　　田　村　威　文

目　次

第 1 章　トライアングル体制とその変容 …………… *1*

　Ⅰ　3つの会計制度 ………………………………… *3*
　　1　証取法会計 ………………………………… *3*
　　2　商法会計 …………………………………… *4*
　　3　税務会計 …………………………………… *5*
　Ⅱ　トライアングル体制 …………………………… *9*
　　1　概　要 ……………………………………… *9*
　　2　商法会計と証取法会計の相互関連性 …… *12*
　　3　商法会計と税務会計の相互関連性 ……… *14*
　　4　小　括 ……………………………………… *16*
　Ⅲ　会計制度の改正 ………………………………… *18*
　　1　証取法会計 ………………………………… *18*
　　2　商法会計 …………………………………… *20*
　　3　税務会計 …………………………………… *23*
　Ⅳ　トライアングル体制の変容 …………………… *25*
　　1　商法会計と証取法会計の相互関連性 …… *25*
　　2　商法会計と税務会計の相互関連性 ……… *29*
　Ⅴ　ま と め ………………………………………… *31*

第2章　退職給付をめぐる会計と税務 ……… 37

- Ⅰ　会計基準の概略 ……… 39
  - 1　1998年以前 ……… 39
    - (1) 内部引当て ……… 39
    - (2) 外部拠出 ……… 40
  - 2　1998年以降 ……… 41
- Ⅱ　税法規定の概略 ……… 43
  - 1　1998年以前 ……… 43
    - (1) 内部引当て ……… 43
    - (2) 外部拠出 ……… 44
  - 2　1998年以降 ……… 44
    - (1) 内部引当て ……… 44
    - (2) 外部拠出 ……… 45
- Ⅲ　会計計算と税務計算の歩み寄り ……… 47
  - 1　「会計計算→税務計算」という影響 ……… 47
  - 2　「税務計算→会計計算」という影響 ……… 48
- Ⅳ　会計計算と税務計算の分離 ……… 51
  - 1　「会計計算→税務計算」という影響の解消 ……… 51
  - 2　「税務計算→会計計算」という影響の解消 ……… 52
  - 3　会計計算と税務計算の相互関係のまとめ ……… 54
- Ⅴ　会計計算と税務計算の質的特性 ……… 56
  - 1　予測計算と確定計算 ……… 56

2　選択性と画一性 …………………………………… *57*
　　3　複雑さと簡便さ …………………………………… *59*
　　4　法的形式と経済的実態 …………………………… *61*
　　5　時間の取扱い ……………………………………… *63*
　　6　ストック計算とフロー計算 ……………………… *64*
　Ⅵ　結びにかえて ………………………………………… *66*

第3章　合併をめぐる会計と税務 …………………… *69*

　Ⅰ　改正前の制度 ………………………………………… *70*
　　1　会計基準 …………………………………………… *70*
　　2　税法規定 …………………………………………… *73*
　Ⅱ　改正前の影響 ………………………………………… *75*
　　1　資産の引継ぎ ……………………………………… *75*
　　2　資本項目の引継ぎ ………………………………… *80*
　　3　営業権（のれん）の計上 ………………………… *82*
　　4　被合併会社の欠損金 ……………………………… *87*
　Ⅲ　改正後の制度 ………………………………………… *90*
　　1　会計基準 …………………………………………… *90*
　　　(1)　基準整備の必要性 ……………………………… *90*
　　　(2)　「企業結合に係る会計基準」の概要 ………… *92*
　　2　税法規定 …………………………………………… *94*
　Ⅳ　改正後の影響 ………………………………………… *96*

1　資産の引継ぎ……………………………………… *96*
　　　2　資本項目の引継ぎ………………………………… *98*
　　　3　営業権（のれん）の計上………………………… *99*
　　　4　被合併会社の欠損金……………………………… *100*
　Ⅴ　ま　と　め…………………………………………… *102*

第4章　不良債権処理をめぐる会計と税務…………… *107*

　Ⅰ　会計制度間の相互関連性…………………………… *109*
　　1　以前のトライアングル体制………………………… *109*
　　　(1)　商法会計・証取法会計・税務会計…………… *109*
　　　(2)　商法会計と証取法会計の相互関連性………… *110*
　　　(3)　商法会計と税務会計の相互関連性…………… *111*
　　2　現在のトライアングル体制………………………… *112*
　　　(1)　商法会計と証取法会計の相互関連性………… *112*
　　　(2)　商法会計と税務会計の相互関連性…………… *112*
　　　(3)　税効果会計……………………………………… *113*
　　3　トライアングル・プラスワン体制………………… *114*
　　　(1)　監督目的会計…………………………………… *114*
　　　(2)　証取法会計と監督目的会計の相互関連性…… *115*
　Ⅱ　不良債権にかかる会計と税務……………………… *117*
　　1　会　　　計………………………………………… *117*
　　2　税　　　務………………………………………… *118*

Ⅲ 「トライアングル・プラスワン体制」における
　　不良債権処理 …………………………………………… 120
　　1　損金経理要件と税効果会計 ………………………… 120
　　　(1)　以前の組合せ ………………………………………… 120
　　　(2)　現在の組合せ ………………………………………… 121
　　　(3)　損金経理要件の解除 ………………………………… 122
　　2　自己資本比率規制と税効果会計 …………………… 124
　　　(1)　繰延税金資産の計上制限 …………………………… 124
　　　(2)　「会計数値の硬度」と
　　　　　「会計数値の利用方法」……………………………… 125
　　　(3)　監督目的会計における会計数値の
　　　　　利用方法 ……………………………………………… 128
　　　(4)　自己資本比率規制の弾力的適用 …………………… 130
　　3　無税償却の拡大 ……………………………………… 131
Ⅳ 結びにかえて …………………………………………… 134

第5章　無償資産譲渡にかかる会計処理 …………………… 137
　　　　　―税務処理との比較を中心に―

Ⅰ 現行制度の把握 ………………………………………… 139
　　1　会計処理と税務処理 ………………………………… 139
　　2　益金算入の根拠 ……………………………………… 141
Ⅱ 開　示　面 ……………………………………………… 142
　　1　総額主義 ……………………………………………… 142

　　　　2　段階的損益計算……………………………………………… *145*
　　Ⅲ　収益・費用の認識……………………………………………… *147*
　　　　1　収益の認識…………………………………………………… *147*
　　　　2　含み益の活用………………………………………………… *148*
　　　　3　費用収益対応の原則………………………………………… *149*
　　Ⅳ　収益・費用の測定……………………………………………… *151*
　　　　1　収益の測定…………………………………………………… *151*
　　　　2　費用の測定…………………………………………………… *152*
　　　　3　時価会計……………………………………………………… *154*
　　　　4　測定自体にかかる問題……………………………………… *155*
　　Ⅴ　その他の検討項目……………………………………………… *157*
　　Ⅵ　結　　　論……………………………………………………… *159*

第6章　中小企業の会計における裁量行動……………… *163*
　　　―税務との関連を中心に―
　　Ⅰ　「中小企業」と「中小企業の会計」…………………………… *165*
　　　　1　中小企業の特徴……………………………………………… *165*
　　　　2　中小企業の会計の特徴……………………………………… *165*
　　Ⅱ　中小企業の裁量行動…………………………………………… *168*
　　　　1　裁量行動の内容……………………………………………… *168*
　　　　2　裁量行動の動機……………………………………………… *169*
　　Ⅲ　裁量行動の歯止め……………………………………………… *171*

		1	キャッシュ・フロー………………………………… *171*
		2	確定決算主義………………………………………… *173*
	Ⅳ	裁量行動の合理性……………………………………………… *175*
		1	所有・経営者………………………………………… *175*
		2	税務当局……………………………………………… *177*
		3	銀　　行……………………………………………… *178*
	Ⅴ	結びにかえて…………………………………………………… *182*

第7章　確定決算主義のモデル分析……………………… *185*

	Ⅰ	モデルの構築…………………………………………………… *187*
		1	準備作業……………………………………………… *187*
		2	完全な独立方式……………………………………… *188*
		3	完全な確定決算主義………………………………… *190*
		4	現実の確定決算主義………………………………… *193*
	Ⅱ	確定決算主義に関する論点…………………………………… *196*
		1	確定決算主義廃止論の吟味………………………… *196*
		2	企業規模と確定決算主義…………………………… *199*
		3	税効果会計と確定決算主義………………………… *200*
		4	結合強度の最適水準………………………………… *201*
	Ⅲ	結びにかえて…………………………………………………… *204*

第8章　会計と税務の比較検討……………………………………………205
―ゲーム論的考察―

Ⅰ　制度の概要………………………………………………………206
 1　会　　計………………………………………………………206
 2　税　　務………………………………………………………207
Ⅱ　数値がもつ意味…………………………………………………209
 1　モ デ ル………………………………………………………209
  (1)　会　　計……………………………………………………209
  (2)　税　　務……………………………………………………210
 2　考　　察………………………………………………………213
  (1)　一括型と分離型……………………………………………213
  (2)　2つの分離型………………………………………………215
  (3)　数値の大きさ………………………………………………216
  (4)　影響の連鎖…………………………………………………217
  (5)　会計における分離型………………………………………218
Ⅲ　規制の特徴………………………………………………………220
 1　モ デ ル………………………………………………………220
  (1)　会　　計……………………………………………………220
  (2)　税　　務……………………………………………………223
 2　考　　察………………………………………………………225
  (1)　規制の導入…………………………………………………225
  (2)　罰則の適用範囲……………………………………………226
  (3)　会計基準の変更……………………………………………227

(4)　利害の対立……………………………………… *228*
　　　(5)　影響の連鎖……………………………………… *229*
　　　(6)　規制の事後評価………………………………… *230*
　Ⅳ　結びにかえて……………………………………………… *233*

終　章　要約と今後の課題……………………………………… *237*

---------- 初出一覧 （章によっては大幅に加筆修正している） ----------

第1章　書きおろし

第2章　「退職給付をめぐる会計計算と税務計算の関係」『総合税制研究』9巻、2001年。

第3章　「合併における会計計算と税務計算の相互関係」『総合税制研究』8巻、2000年。

第4章　「わが国における会計・税制と不良債権処理の関係」『総合税制研究』12巻、2004年。

第5章　「無償資産譲渡にかかる会計処理の考察：税務処理との比較を中心に」『総合税制研究』10巻、2002年。

第6章　「中小企業の会計における裁量行動」『国際研究論叢（大阪国際大学)』8巻4号、1996年。

第7章　「確定決算主義のモデル分析」『国際研究論叢（大阪国際大学)』9巻3号、1997年。

第8章　「証取法会計と税務会計の経済的視点からの比較検討」『総合税制研究』11巻、2003年。

終　章　書きおろし

第1章──トライアングル体制と その変容

● はじめに

　会計は経済主体の活動を貨幣単位で記録・集計し、その結果を利害関係者に報告するシステムである。わが国には証券取引法会計（以下「証取法会計」という）・商法会計・税務会計とよばれる3つの企業会計制度が存在する[1]。これら3つの会計制度は密接に結びついており、そのことは「トライアングル体制」とよばれる。本書全体を通じたテーマは「会計と税務の関係」であるが[2]、このことをもう少し詳しくみると「トライアングル体制における3つの会計制度の関係」ということができる。本章では、各会計制度の概要ならびに会計制度間の相互関連性について概観する。各会計制度は近年、大幅な改正があり、トライアングル体制

---

[1] 金融機関については監督目的のための会計がある。これについては第4章で取り上げる。
[2] このテーマは中田（2000）と共通するものである。同書は、会計と税務の関係にかかる歴史的経緯についても詳述している。

の内容も変化したが、その点についても取り上げる。

　本章の構成は次のとおりである。Ⅰで証取法会計・商法会計・税務会計の概要を説明する。それをふまえて、Ⅱではトライアングル体制を会計制度の相互関連性という観点から検討する。Ⅲは各会計制度の改正内容を概観し、それをふまえて、Ⅳではトライアングル体制の内容の変化について検討する。

　証取法会計・商法会計・税務会計では適用対象が異なる。ただ、株式会社のうち株式を公開している会社については3つの会計がすべて適用されるので、本書は株式公開会社を前提として議論を行う。なお、法人税法の適用対象となるのは「法人」であるが、本書では「会社」または「企業」という用語を用いることにする。また、2005年には会社法が制定されたが、会社法が規制する会計も「商法会計」と表現する。

I 3つの会計制度

　本節では、証取法会計・商法会計・税務会計という3つの会計制度の概要を示す。会計は社会的な制度として実施され、そこには規制が加えられる。政府等が強権力を背景に会計処理・報告および監査に関する法令等すなわち企業会計法等を制定し、これにもとづいて個別企業の会計方針を特定の公共目的の達成に向けて制御することは「会計規制」とよばれる[3]。

1 証取法会計

　証取法会計は証券取引法が規制する会計である。証券取引法の目的は投資家の適正な意思決定を可能にし、資本市場を有効に機能させることである。証券投資はリスクをともなう。投資家は自己責任で投資を実施するが、それには投資意思決定に有用な情報を投資家が入手できることが前提となる。ここで、企業と投資家の間には情報の非対称性が存在するが、それを解消する手段として、証取法会計には企業内容の開示すなわちディスクロージャーという役割がある。証券市場は発行市場と流通市場からなるが、発行市場における開示の例として有価証券届出書が、流通市場における開示の例として有価証券報告書や半期報告書がある。それらはEDINETを通じて容易に入手できる。四半期報告書の開示についても整備が進められている。

　3）中村(宣)(1992) 2頁。

企業会計においては企業会計原則・連結財務諸表原則など、一般に公正妥当と認められる会計基準が存在し、企業はそれらに準拠して会計処理ならびに財務諸表の作成を行わなければならない。これらの会計基準は、基本的には証取法会計の範疇に属するものであり、投資意思決定に有用な情報開示を企業に行わせるという役割がある。

　なお、証取法会計については、企業とは独立の第三者である公認会計士または監査法人によって、企業の財務報告が適正に行われているかどうかをチェックする財務諸表監査が実施される。

2　商法会計

　株式会社は営利法人であり、定期的に決算を行ったうえで、出資者である株主に対して利益の配当を行う。株式会社は株主有限責任という特徴を有することから、株主と経営者が結託して債権者の利益を損なう可能性がある。また、会社規模の拡大にともない、所有と経営の分離現象が生じ、株主が経営者から不利な取扱いを受ける可能性がある。そこで、商法は株主・債権者・経営者の利害調整、なかでも債権者保護を重視している。商法会計は商法が規制する会計である。商法会計は利害関係者が納得する配当限度額の算定を目的とする（1年決算の会社については中間配当限度額の規制も存在する）。商法会計にはまた、計算書類の作成によって経営者の受託責任の遂行状況を明らかにするという目的もある[4]。

---

　4) 企業は多くの利害関係者とかかわって活動する社会的存在であると理解すれば、株主に対してだけでなく、社会全体に対するアカウンタビリティが重要となる。

わが国の商法は、貸借対照表上の純資産額から「資本金」「資本準備金および利益準備金」「その決算期に積み立てることを要する利益準備金」「繰延資産として計上されている開業費・試験研究費・開発費の合計が法定準備金を超過する額」を控除した額を限度として利益配当できるという規定を設けていた（旧商290①）。すなわち、任意積立金プラス未処分利益の金額が基本的に配当可能限度額になる。

　以上は配当に関する規制内容である。開示面についての規制として、貸借対照表・損益計算書・営業報告書・利益処分案は株主総会招集通知とともに、株主に送付することが求められる。また、附属明細書は会社の本支店に備え置かれ、株主・債権者の求めに応じて開示される。さらに、会社は株主総会終了後に貸借対照表（大会社は損益計算書も）を官報または日刊新聞に公告する必要があるが、これは要旨でもよい。

　なお、商法会計についても、商法上の大会社は会計監査人による会計監査を受けることが義務づけられている。会計監査人は公認会計士または監査法人に限られる。

3　税務会計

　法人税は企業の所得に対して課される国税である。課税ベースには所得・消費・資産などがあるが、企業の所得を課税ベースとする租税は法人税・住民税・事業税である。法人税法の目的は課税の公平性を確保し、租税回避を防止することである。法人税額は基本的には次の式で算定される（ただし、実際には税額控除・所得控除などの規定があり、もう少し複雑である）。

税額＝課税所得×税率　　　　　　　　　　……(ⅰ)
課税所得＝益金－損金　　　　　　　　　　……(ⅱ)

税率は30％である（なお、資本金1億円以下の中小企業については軽減税率の適用がある）[5]。

税務会計の主たる役割は、課税ベースとなる法人の課税所得を適正に算定することであり、詳細な課税所得算定ルールが存在する。主たるものは法人税法であり、その他に法人税法施行令・法人税基本通達・租税特別措置法・租税特別措置法施行令・租税特別措置法関係通達などがある。その多くは(ⅱ)式にかかわるものである。法人税法は次のように規定している（法法22）。

- 各事業年度の所得の金額は、益金の額から損金の額を控除した金額とする。
- 益金の額に算入すべき金額は、別段の定めがあるものを除き、資産の販売、有償または無償による資産の譲渡または役務の提供、無償による資産の譲受けその他の取引で資本等取引以外のものに係る収益の額とする。
- 損金の額に算入すべき金額は、別段の定めがあるものを除き、売上原価・完成工事原価その他これらに準ずる原価の額、販売費・一般管理費その他の費用（償却費以外の費用で事業年度終了の日までに債務の確定しないものを除く）の額、損失の額で資本等取引以外の取引に係るものとする。
- 収益および費用・損失の額は、一般に公正妥当と認められる会計処理

5）法人税・住民税・事業税をあわせた実効税率は約40％である。

の基準に従って計算されるものとする。
- 資本等取引とは、法人の資本等の金額の増加または減少を生じる取引および法人が行う利益または剰余金の分配をいう。

このように、法人税法は会計上の概念を大幅に取り入れている。会計基準も事実上、課税所得算定ルールの一部を構成している。

さて「企業のもうけ」のことを会計上は利益、税務上は課税所得と表現する。損益法による会計上の利益の算定式は次のとおりである。

　　　利益＝収益－費用　　　　　　　　　　　　　……(iii)

(ii)式と(iii)式は類似している。事実、税務上の益金と会計上の収益は「企業のもうけ」のプラス要因、税務上の損金と会計上の費用は「企業のもうけ」のマイナス要因というように、基本的に同じ概念である。それらの差額である税務上の課税所得と会計上の利益も同じ概念であるといえる。しかし、会計利益と課税所得の額は一致しない[6]。会計利益と課税所得の相違は次の4つから生じる。

　　A　収益であるが益金でない
　　B　収益でないが益金である
　　C　費用であるが損金でない
　　D　費用でないが損金である

そこで、課税所得は次のような式で求められ、このことは申告調整とよばれる。

　　　利益＋B＋C－A－D＝課税所得

---

6) 会計利益と課税所得の質的相違については、第2章で退職給付を題材として検討する。

税法規定は益金と損金について網羅的にではなく、税務と会計の相違点を中心に規定している。
　なお、わが国の法人税法は税務当局の処分により税額が確定する賦課課税方式ではなく、納税者の申告により税額が基本的に確定する申告納税方式を採用している。申告納税方式のもとでは、企業は課税所得を操作し、適正に申告しない可能性がある。この点に関連して、税務当局には質問検査権が与えられており、税務当局は必要に応じて税務調査を実施する。

Ⅱ　トライアングル体制

本節では証取法会計・商法会計・税務会計の相互関連性について検討する。

1　概　　要

1991年6月にブリュッセルで、会計基準設定機関国際会議が開催された。会議では各国の基準設定機関の代表者が集まり、それぞれの国の財務報告の目的や会計の基本概念が報告され、意見交換がなされた。日本からは企業会計審議会の代表である新井清光・白鳥庄之助の両教授が出席され、「日本における会計の法律的及び概念的フレームワーク」(以下単に「報告書」とよぶ) が報告された[7]。米国・カナダなど、国によっては当時、すでに会計に関する概念フレームワークが公表されていたが、フランスやドイツと同様、わが国では明示的なものとしては公表されていなかった。ただ、わが国の財務会計にも暗黙の概念フレームワークが存在し、「報告書」は会計の目的とトライアングル体制という観点から、それを明らかにしている。

「報告書」では会計の主な目的として、次の3つをあげている[8]。

(ｱ)　受託責任の遂行状況の解明
(ｲ)　処分可能利益 (分配可能利益および課税所得) の計算

---

7) 新井・白鳥 (1991) 28頁。
8) 同上30頁。

(ウ) 投資意思決定情報の提供

米国では(ウ)投資意思決定情報の提供が重視されてきたとしている。そのことは、トゥルーブラッド委員会報告書からFASB概念報告書第1号への流れのなかでも一貫しており[9]、経済的実態の開示を指向した会計基準が形成されている。FASB概念報告書第1号では、将来キャッシュ・フローの予測に資する情報の提供ということを重視している[10]。それに対し、わが国では(イ)処分可能利益の計算が非常に重視されてきたと「報告書」は指摘している。会計基準設定においては、米国のように(ウ)投資意思決定情報の提供という目的はそれほど重視されておらず、その目的は、会計処理というよりはむしろ開示面でカバーされているとしている。

このように、米国と日本の間で会計の目的が異なる理由の1つとして、企業の資金調達形態の相違があげられる[11]。米国は直接金融中心のため投資家を、日本は間接金融中心のため銀行を中心とする債権者を、それぞれ重視しており、それが会計の目的にもつながっている。わが国では実務上も債権者保護を指向し、保守的傾向が強くなっている。

また「報告書」は、わが国の会計制度は商法・証券取引法・法人税法の3つの法令が密接に結びついて形成されているとし、それをトライアングル体制とよんでいる。上述した会計の目的との関連でいうと、商法会計が(ア)と(イ)、証取法会計が(ア)と(ウ)、税務会計が(イ)を相対的に重視して

---

[9] 中村(宣)(1992) 69頁。
[10] FASB (1978) pars. 37-39.
[11] 中村(宣)(1992) 44頁。

いる[12]。

　3つの会計のうち基本となるのは商法会計であり、そこで作成された計算書類を組み替えることによって、証取法会計の財務諸表が作成される。また、商法会計で算定された当期純利益に調整を行うことによって、税務会計の課税所得が算定される。トライアングル体制は「商法会計と証取法会計の相互関連性」「商法会計と税務会計の相互関連性」という言葉で把握できる。図1-1はトライアングル体制を示したものである。ここで注意すべき点は、図1-1の①と②、そして③と④というように、会計制度間の影響は一方向ではなく双方向であるということである。トライアングル体制のもとでは、証取法会計が投資意思決定情報を提供する場合でも、商法や法人税法を無視することはできない。

図1-1

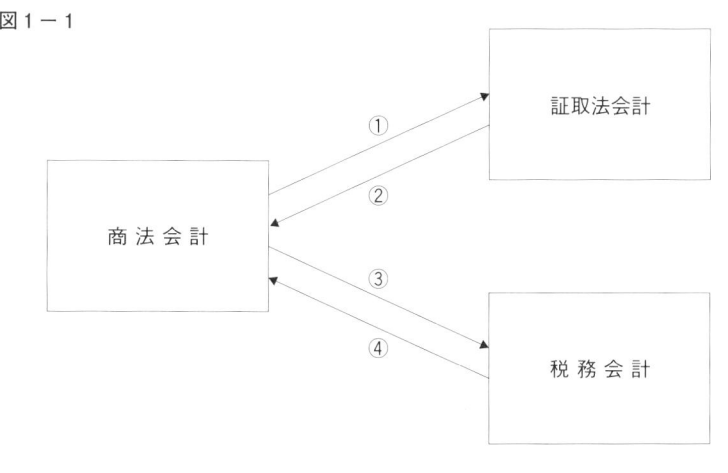

12) 新井・白鳥（1991）30頁。

2 商法会計と証取法会計の相互関連性

　証取法会計は投資意思決定に有用な情報を提供するための会計である。個別財務諸表を前提とすると、証取法会計の財務諸表は、商法会計の計算書類を組み替えて作成される。商法会計と証取法会計の貸借対照表と損益計算書は、表示方法および精粗の差はあれ、実質的な内容は同じであり、その意味で、商法会計と証取法会計は一致している。この2つでは商法会計の影響がより強く現れていた。その理由として、一般的・基本的な会計規定が商法に設けられ、企業会計法の基本となっていた点を指摘することができる。また、商法会計の主たる役割は配当規制であったが、商法会計と証取法会計が一元化している状況では、証取法会計の利益についても配当として社外流出してもよいものなのかという判断が必要とされた。

　配当規制は法的規制と私的契約に分けることができる。私的契約とは、社債発行契約や貸付契約などの各種契約において、配当制限条項を設けることである。一方、法的規制であるが、その代表的な形態は次のとおりである[13]。

　(ア)　資本型配当制限基準：留保利益型（貸借対照表上の留保利益が配当財源になる）

　(イ)　資本型配当制限基準：純資産型（貸借対照表上の純資産全額が配当財源になる）

　(ウ)　利益型配当制限基準（損益計算書上の当期純利益が配当財源になる）

---

　13) 蓮井他（1991）178頁を参考にして作成した。

(エ)　支払不能基準（支払不能に陥る場合の配当を禁止する）

(ア)と(イ)は、資本金および資本準備金を配当財源にあてることができるか否かという相違点がある。また、(エ)の規定が存在すれば、(ア)(イ)(ウ)による配当財源の一部または全部が、配当財源から除外されることがある。

米国では州によって内容が異なるが、例えばカリフォルニア会社法では以前から、留保利益を源泉とする「配当」ではなく、資本の払戻しをも含む「分配」という概念を用いている。そして、留保利益から分配することができるが、留保利益がなくても分配後の資産負債比率が125％以上で流動比率が100％以上であれば分配可能であるとしている。ただし、債務が弁済不能になるおそれがある場合、分配は認められない[14]。

米国では私的契約で配当制限条項が設けられるケースが多い。カリフォルニア会社法での規制は基本的には(イ)と(エ)が組み合わさり、さらに私的な配当制限条項が追加されているといえる。そこでは、FASBなどによって設定された会計基準にもとづく留保利益と配当可能限度額の間には、それほど密接な関係はない。

一方わが国の規制は、利益準備金の制度や繰延資産にかかる配当制限が存在するが、基本的には(ア)に分類できる。そこでは、証取法会計（イコール商法会計）における留保利益が配当可能限度額と密接にかかわっている。よって、証取法会計の利益計上についても配当適状にかかる判断が要請され、利益の裏づけとなる資産性をより厳格に吟味する必要性が生じる。資本と利益の峻別は、資本の増減取引を除外した業績測定のために必要であるが、わが国のような状況では資本維持という要素が重要

14）弥永（2001）197頁。

になるのである。以上で示したことは図1-1の①の方向の影響である。

さて、商法会計は債権者保護を重視する観点から、本来は換金能力を有するものだけを資産、法律上の債務だけを負債とし、その差額を資本として、それぞれ貸借対照表に計上するという考えにつながる。他方、証取法会計は期間損益計算を重視している。商法は証取法会計の考え方を尊重し、商法会計の貸借対照表においても、将来の期間に影響を及ぼす特定の費用を、換金能力は有さないが繰延資産として計上することを容認している。また、将来の費用に関しても、費用収益対応の原則ないし原因発生主義の考え方にもとづき、債務性のない引当金を計上することを認めている。このように、図1-1の②の影響も存在する。

商法には計算に関する規定が存在するが、網羅的に規定しているわけではない。商法は「商業帳簿ノ作成ニ関スル規定ノ解釈ニ付テハ公正ナル会計慣行ヲ斟酌スベシ」という、いわゆる斟酌規定を設けている（旧商32②）[15]。この公正なる会計慣行とは、企業会計原則をはじめとする、各種の会計基準が主たるものであると理解されている。したがって、商法会計においても会計基準を遵守する必要がある。その意味でも図1-1の②の影響が存在する。

3　商法会計と税務会計の相互関連性

法人税の課税システムには独立方式と確定決算主義がある。独立方式は、商法規定による確定決算とは別個に、税法固有の計算規定によって

---

15) 会社法にも「株式会社の会計は、一般に公正妥当と認められる企業会計の慣行に従うものとする」という、同様の規定が設けられている（会431）。

課税所得額を独自に計算する方式である。一方確定決算主義は、商法規定による確定決算をもとに、これに調整計算を行って課税所得額を誘導的に算出する方式である[16]。

確定決算主義は広義と狭義の２種類がある。広義の確定決算主義は、商法上の決算にもとづく課税所得の算定方式を意味する。法人税法は「内国法人は、各事業年度終了の日の翌日から２月以内に、税務署長に対し、確定した決算に基づき次に掲げる事項を記載した申告書を提出しなければならない」と規定している（法法74）。また、狭義の確定決算主義は、内部取引等の特定事項について確定決算において所定の経理を行った場合にのみ課税所得の計算上これを認める方式を意味する[17]。重要なのは狭義のほうであり、これは確定決算基準と呼ばれることがある。確定決算基準は、法人の意思決定のみによって成立する内部取引等について、株主総会の承認により確定した決算を重視する方法である。なお、狭義の確定決算主義は損金経理要件を含む。損金経理とは確定した決算において費用または損失として経理することである。

米国は独立方式を、わが国は確定決算主義を採用しているといわれることが多い。米国では税務申告書の様式が「（税務上の）総益金マイナス（税務上の）総損金」となっているのに対し、わが国では法人税申告書の別表４の様式が「（会計上の）当期純利益プラスマイナス調整項目」となっていることも、この相違と関係している。

さて、確定決算主義は税務会計が商法会計に依存するというかたち

---

16) 中村(宣)（1992）45頁。
17) 中村(利)（1992）144頁。

をとる。これは図1-1の③の方向の影響である。しかし、実際には逆の効果、すなわち、税法規定が会計処理を拘束するという逆基準性が生じる。引当金についていえば、引当金繰入額を税務上損金算入するには、会計上でも、確定した決算で費用または損失を計上するという損金経理を行う必要がある。引当金の繰入れは内部取引であり、確定した決算における費用性の有無の判断を税務上も受け入れるというのがその理由である[18]。損金経理要件が存在するため、会計上で妥当と考えられる引当金繰入額が税務上の繰入限度額を下回っている場合、税務上の恩典を受けるため、会計上の引当金を税務上の繰入限度額まで計上するという事態が生じる。なお、引当金については、以前はこのような処理も監査上、日本公認会計士協会監査委員会報告第5号などにより、妥当な会計処理として取り扱われていた。わが国では税法規定イコール会計基準に近い事態が生じ、図1-1では③だけでなく、④という方向の影響も存在する。

4 小　括

わが国の会計制度はトライアングル体制という特徴を有している。証取法会計・商法会計・税務会計の3つの会計制度は、それぞれ独立して存在しているのではない。配当規制および確定決算主義を通じて、3者は密接に結びついており、相互に関連しているのである。証取法会計と税務会計は直接にはつながっていないが、商法会計を媒介として両会計

---

[18] 損金経理要件には、会計利益は大きくするが課税所得は小さくすることを防止するという意図もある。この点については第6章でふれる。

は結びついている。

　わが国の会計制度の整備は(ア)商法規定の枠内での会計基準の整備、(イ)商法規定の枠を超える投資意思決定情報の提供、という複数のアプローチがとられてきた。(イ)の例として、連結財務諸表・中間財務諸表・セグメント情報などの注記がある。(イ)のように、商法や税法といった法的枠組みに抵触しないかたちでの開示の拡充であれば、会計基準（ここでいう会計基準には開示規定を含まない）そのものの変更は必要なく、商法会計・証取法会計・税務会計の相互関連性について新しい問題はなんら生じないからである。

Ⅲ 会計制度の改正

Ⅰで証取法会計・商法会計・税務会計の概要を説明したが、それらは近年、大幅な改正があった。本節ではこの点について検討する。

1 証取法会計

わが国の証取法会計は、会計ビッグバンとよばれるような改正があった。わが国の会計を取り巻く環境はかなり変化している。その1つに、間接金融から直接金融へのシフトがある。そして、経済の国際化が進むにつれて、会計基準の国際的調和という要請が強まり、日本の会計基準が他国と異質であることの弊害が問題視されるようになった。会計ビッグバンの背景には、会計監査について、公認会計士の質および数が整備されてきたこともある[19]。これらを受けて、新会計基準の設定が次々となされたわけであるが、その主たる内容は次のとおりである。

①連結会計 1997年に「連結財務諸表制度の見直しに関する意見書」が公表され、「連結財務諸表原則」が改訂された。連結会計制度の改正内容は多岐にわたる。証取法会計の開示制度においては、以前は個別財務諸表が主で、連結財務諸表が従であったが、連結財務諸表が主で、個別財務諸表が従というように、立場が逆転した。また、連結の範囲を決定する方法が、持株基準から支配力基準に変更になった。さ

---

19) それでも粉飾決算の見逃し・加担など、監査の失敗は現実には生じている。

らに、連結調整勘定の償却期間が5年以内から20年以内へと延長された。なお、以前は中間財務諸表は個別会計だけであったが、中間連結財務諸表が導入された。

②キャッシュ・フロー会計　1998年に「連結キャッシュ・フロー計算書作成基準」が公表された。以前は有価証券報告書のなかで資金収支表が開示されていたが、財務諸表としては扱われていなかった。この改正で連結キャッシュ・フロー計算書が主要財務諸表として位置づけられるようになった。連結キャッシュ・フロー計算書は1会計期間におけるキャッシュ・フローの状況を営業活動・投資活動・財務活動の3つに区分して表示する。なお、連結財務諸表を作成しない会社は、個別キャッシュ・フロー計算書の作成が求められる。

③研究開発費会計　1998年に「研究開発費等に係る会計基準」が公表された。研究開発費に類似する概念として試験研究費および開発費があるが、その範囲が明確でなく、また、企業は費用処理と繰延資産計上を選択適用することができた。そこで、研究および開発の定義を行ったうえで、研究開発費に該当するものについては費用処理に限定され、資産計上することは認められなくなった。

④退職給付会計　1998年に「退職給付に係る会計基準」が公表された。退職一時金や退職年金について、内部引当てと外部拠出を統一的にとらえ、数理計算により期末時点における退職給付債務を算定し、そこから年金資産の時価を控除した額を退職給付引当金として負債の部に計上するといった手続きがとられる。なお、退職給付については第2章で検討する。

⑤税効果会計　1998年に「税効果会計に係る会計基準」が公表された。税効果会計については本章のⅣ-2および第4章でふれる。

⑥金融商品会計　1999年に「金融商品に係る会計基準」が公表された。金融資産・金融負債の発生および消滅の認識、金融商品の評価基準、貸倒れ見積高の算定方法、ヘッジ会計、複合金融商品など多くの内容が含まれるが、特に重要な点は、金融資産について時価評価を導入したことである。有価証券を保有目的によって4つに分類し、売買目的有価証券については時価評価したうえで評価差額を当期の損益に算入する。また、その他有価証券については時価評価したうえで評価差額は原則として資本直入する。

⑦減損会計　2002年に「固定資産の減損に係る会計基準」が公表された。減損会計は、固定資産の収益性が低下し、帳簿価額の回収が見込めなくなっている場合、帳簿価額を回収可能額まで引き下げるとともに、減損損失を計上する手続きである。

⑧企業結合会計　2003年に「企業結合に係る会計基準」が公表された。企業結合を経済的実態によって取得と持分の結合に分類し、取得にはパーチェス法を、持分の結合には持分プーリング法をそれぞれ適用する。企業結合のうち合併については第3章で検討する。

2　商法会計

商法は近年、特に2001年以降、頻繁に改正されている[20]。ここでは、

---

20) 改正内容については近藤・志谷（2002、2004、2005）に詳述されている。

商法会計における配当規制と開示規制の改正点を概観する。なお、商法会計では、会計基準の迅速な改訂を可能にするなどの理由により、計算規定の多くが商法施行規則に省令委任されている。

なお、2005年には商法改正の仕上げとして、商法の一部を切り離し、有限会社法・商法特例法とあわせて「会社法」が制定された[21]。

まず配当に関する規制であるが、2001年以降の商法改正では、法定準備金の減少規定が新設され、資本金および資本準備金減少差益については資本準備金ではなく、その他資本剰余金として配当可能額に含められるようになった。また利益準備金については、以前は単独で資本金の4分の1に達するまで積み立てる必要があったが、資本準備金とあわせて同額まで積み立てればよくなった。なお、商法・商法施行規則の改正により、商法会計と証取法会計の調整が行われている。以前は、貸借対照表上、資産は基本的に取得原価で計上されていた。「金融商品に係る会計基準」が設定され、証取法会計で金融資産の一部を時価評価するようになったが、商法会計においても時価評価することを容認した。ただし、その際に生じる評価益（資本直入による評価増を含む）については配当可能額から除外される。なお、2002年改正で連結計算書類制度が導入されたが、配当可能限度額は個別企業を基準にしている[22]。

2005年制定の会社法では、1,000万円という株式会社の最低資本金制度が廃止され、資本金および準備金の減少額の制限も撤廃された。資本

---

21) 会社法にかかる計算規定の多くは2006年に公布された「会社計算規則」に省令委任されている。
22) ただし、会社計算規則は、任意に連結配当規制を適用することが可能であると規定している（186四）。

準備金と利益準備金は、会社法上の取扱いでは区別されなくなった（ただし、貸借対照表および株主資本等変動計算書では資本準備金と利益準備金は別記される）。

　また、利益配当・中間配当・資本金および準備金の減少にともなう払戻しといった株主に対する金銭等の分配、ならびに自己株式の有償取得については、剰余金の分配という概念に一元化され、分配可能額は統一的に規制がかけられるようになった。分配可能額は留保利益等に一定の修正を加えるという規定方式に改められたが、これについては以前と実質的な変更はない。ただ、資本金の額にかかわらず、純資産額が300万円未満の場合、剰余金があっても株主への分配は認められないという純資産額基準が新たに導入された。なお、株式会社は株主総会の決議により、いつでも剰余金の分配を決定することができる。また、会計監査人を設置し、取締役の任期が1年の会社は、定款で剰余金の分配を取締役会の決議で決定できる旨を定めることができる。なお、建設利息は制度自体がほとんど利用されていなかったなどの理由から廃止された。

　次に開示に関する規制であるが、2001年以降の商法・商法施行規則の改正では、商法会計と証取法会計で表示面での調整がはかられている。その例として、計算書類の貸借対照表の資本の部を「資本金・法定準備金・剰余金」から「資本金・資本剰余金・利益剰余金」という区分に改めたことがある。また、証取法会計適用会社について、計算書類の用語・様式を財務諸表規則に準拠することが認められた。資本の部以外にも、「当期利益」を「当期純利益」、「投資等」を「投資その他の資産」というように、計算書類の表示科目について、証取法会計に合わせるか

たちでの変更がなされた。なお、貸借対照表（大会社は損益計算書も）を公告にかえてインターネットで開示することが認められるようになったが、その場合は要旨ではなく、貸借対照表そのものを掲載する必要がある。EDINETにより有価証券報告書を開示している会社については決算公告を省略してもよいとされた。

2005年制定の会社法は、利益処分案にかえて、株主資本等変動計算書を新たに計算書類に含めることにした。株主資本等変動計算書は株主に対して直接開示される。

3　税務会計

法人税法は毎年改正が行われているが、税務会計にとって極めて重要なものは1998年度の税制改正である。わが国の法人税率は諸外国に比べて高いという批判があり、それに対応するため税率を引き下げることにしたが、財政上の理由により税収中立的という条件がつき、そのため、課税ベースを拡大せざるをえなくなったのである。課税ベースの拡大とは、益金の早期計上ならびに範囲の拡大、あるいは損金の遅延計上ならびに範囲の縮小である。

課税ベースの拡大に関連して、税務上の引当金はそれまでは、貸倒引当金・返品調整引当金・賞与引当金・退職給与引当金・特別修繕引当金・製品保証等引当金の6種類が認められていた。そのうち、返品調整引当金以外の5種類が縮減の対象となった。賞与引当金と製品保証等引当金は制度自体が廃止された。貸倒引当金については、以前は法定繰入率と貸倒実績率を選択適用できたが、法定繰入率が廃止され、一般債権

については貸倒実績率だけになった[23]。特別修繕引当金は廃止されて特別修繕準備金が創設された。退職給与引当金については、累積限度額基準が期末退職給与の要支給額の40％から段階的に20％に引き下げられた（退職給与引当金はその後、2002年度税制改正で廃止された）。なお、退職給与引当金については第2章、貸倒引当金については第4章で取り上げる。

1998年度税制改正における引当金以外の改正項目であるが、建物の減価償却方法は以前は定額法と定率法が認められていたが、1998年以降に取得したものは定額法しか認められなくなった。また、請負工事に関する収益については工事完成基準と工事進行基準の選択適用が認められていたが、長期大規模工事は工事進行基準の適用が義務づけられた。

なお、2001年度には合併・分割・現物出資・事後設立にかかわる組織再編税制が導入された。さらに、2002年度には連結納税制度が導入された。

---

23) 中小企業については現在でも法定繰入率が認められている。

Ⅳ　トライアングル体制の変容

Ⅲで取り上げた証取法会計・商法会計・税務会計の制度改正は、トライアングル体制の内容を変化させた。本節では、この点について検討する。

1　商法会計と証取法会計の相互関連性

わが国の証取法会計と商法会計は基本的に一致しており、その一致した「会計」が配当規制のあり方ゆえに、商法会計の強い影響のもとにあることはⅡ-2で指摘した。ただし、このような証取法会計と商法会計の関係について、疑問が投げかけられてきた。

斎藤静樹教授は、金融資産の含み益は業績指標としての利益に含めるべきであるが、配当可能利益からは除外すべきであるとして、「（証取法と商法の制度の）両者の一元化は戦後日本の会計の歴史でもあったが、それをふたたび切り放して新たな関係を作り上げるのが、将来に向けての課題になりそうである」と述べられた[24]。

また、神田秀樹教授は、情報開示会計と債権者保護会計との分離を提言され、「近時、損益と結びつかない財務情報の重要性が飛躍的に増大しつつある。…そこでは、いわば財務情報と利益情報とが分離することとなり、伝統的な財務会計制度の基本的な仕組みが大きく変化していくおそれがある。以上のような状況のもとで、今日、財務会計制度は危機

---

24) 斎藤（1992）81頁。

に瀕していると言っても過言ではなかろう。…ひとつの課題は、情報開示のための会計と商法会計のうちの会社債権者を保護するための会計とを分離することである。両者はその目的が違う以上、同じである必要はない。無理を続けていると、財務会計制度自体が終焉を迎えることになりかねない」と述べられた[25]。

このような考え方が広く支持されるようになり、証取法会計と商法会計の関係は大きく変わっていった。

商法会計と証取法会計の関係であるが、配当規制のあり方自体は変更せず、前者から後者への調整を表示上の組替えだけでなく、利益の変更をともなう調整を認めるという方法も理論的には考えられる。ただし、この方法は複数の利益を生み出すことになり、利害関係者の混乱を招くおそれがある。それに対し、配当規制のあり方自体を変更して、証取法会計（イコール商法会計）上の留保利益と配当可能限度額の関係を薄くすれば、商法会計と証取法会計の財務諸表が実質的に一致している状態を変更することなく、商法会計の証取法会計への影響を弱くすることができる。

商法改正の一連の流れをみると、「払込資本と稼得利益」という会計理論上の区分と「配当（分配）の可否」という商法上の区分の関係が希薄化していることがわかる[26]。その顕著な例が、資本金および資本準備金減少差益をその他資本剰余金として扱い、分配可能にしたことであ

---

25) 神田（1992）116頁。
26) 商法規定が企業会計の基本原則から乖離している点について、会計学者から批判がある。例として中村（忠）(2001)。

る。

　会社法では、留保利益を財源として株主に金銭等を支払う「配当」という概念は、払込資本の払戻しも含めた「分配」という概念に変容している。300万円という純資産額基準が新設されたが、最低資本金制度は廃止された。

　商法改正ならびに会社法の制定は、商法会計における配当規制の後退をもたらした。商法会計から証取法会計への影響は以前より弱まり、会計利益について配当適状に関する判断の必要性は低下したといえる。

　一方、情報開示の面であるが、資本の部の変動はこれまで、ある部分は損益計算書に記載され、ある部分は利益処分案に記載され、わかりにくくなっていたが[27]、株主資本等変動計算書でまとめて開示されるようになった。

　また、インターネットによる計算書類の開示が認められている。このように、ディスクロージャーの充実がはかられている。

　取締役の任期が1年の会社は、分配が利益配当・中間配当という年2回に限定されず、いつでも実施可能となった。金額的にも時期的にも、剰余金の分配は以前よりかなり自由度を増しているといえる。剰余金の分配は比較的自由に行ってもよいが、分配の内容については明確に開示しなければならないというスタンスが、商法会計には見受けられる。資産の時価評価を容認しつつも評価増に見合う部分を分配可能額から除外するという点を含め、総合的に判断すると、商法会計においては、配当面と開示面の乖離が生じ、規制に関しては配当規制から開示規制にシフ

27）江頭・中島（2004）20頁。

トしていると理解できる[28]。

商法会計の計算書類において、資本の部[29]の表示は、以前は「資本金・法定準備金・剰余金」という拘束度の強弱につながる商法上の分類に従ったものであったが、改正後は「資本金・資本剰余金・利益剰余金」という会計理論上の区分によるものである。また、財務諸表規則にもとづく計算書類を作成することを容認している。これらは商法会計の証取法会計への歩み寄りである。

以上のことから、商法会計と証取法会計の関係は、次の2つが併存しているといえる。

① 配当規制については、商法会計は証取法会計から離れる方向に改正された。

② 開示規制については、商法会計は証取法会計へ歩み寄る方向に改正された。

2002年の商法特例法の改正で、一部の企業を対象とするものではあるが、証取法会計で定着している連結会計制度が商法会計に取り入れられた。また、Ⅳ-2でふれる税効果会計の導入は、会計基準の国際的調和の一環であり、もともと証取法会計の系統に属するものである。以前

---

28) 配当規制と開示規制はともに債権者保護と結びつくが、その手段が異なる。配当規制は業績低迷時に配当させないことで、債権者の担保となる企業財産の維持をはかる。それに対し、開示規制は企業に真の業績を開示させることで、債権者の適切な融資意思決定を可能にする。開示規制重視の傾向を示す点について「債権者保護の後退」といわれることがあるが、その意見は必ずしも妥当ではないと思われる。

29) 2005年に「貸借対照表の純資産の部の表示に関する会計基準」が公表され、「資本の部」は「純資産の部」に変更されることになった。

は繰延税金資産と繰延税金負債について、商法上の資産性・負債性が疑問視されていた。しかし、1998年に公表された「商法と企業会計の調整に関する研究会報告書」は、会計基準が繰延税金資産・繰延税金負債に資産性・負債性があることを明確にすれば商法上もそれを尊重すること、ならびに繰延税金資産について特に配当規制を行う必要がないことを示している。これをうけ、現在は商法会計も税効果会計の制度を取り入れている。

2　商法会計と税務会計の相互関連性

　わが国は、以前は商法会計と税務会計の結びつきが強く、会計利益と課税所得の差異は小さかった。しかし現在は、両者の差異が拡大し、税務申告における調整項目が増大している。その理由として次の2点をあげることができる。まず第1に、経済活動のボーダーレス化が進展するなか、わが国の会計基準を国際的な基準に調和させる必要性が高まった。そのため、わが国では近年、会計ビッグバンとよばれるように、新会計基準の公表が相次いだ。第2に、1998年度に法人税法の抜本的改正が行われた。それは税収中立を基本として、税率の引下げと課税ベースの拡大を意図したものである。

　会計ビッグバンと法人税法改正があわさって、商法会計と税務会計は大きく乖離した。税法規定に準拠した会計処理は、実態開示の点で、もはや容認することができなくなった。会計利益と課税所得の差異が拡大すると、税引前当期純利益・法人税等・税引後当期純利益の3つの関係は歪んだものになるが、それについては税効果会計で調整することにし

た。

　1998年に「税効果会計に係る会計基準」が公表された。わが国では税効果会計は、以前は連結財務諸表においてのみ任意に適用されてきたが、現在では個別・連結とも適用が義務づけられている。税効果会計は、会計上の収益・費用と税務上の益金・損金の認識時点の相違などにより、会計上の資産・負債の額と税務上の資産・負債の額に相違がある場合、法人税等の額を会計上で適切に期間配分する手続きである。税効果会計には、税引前当期純利益と法人税等の合理的対応をはかり、税引後当期純利益を適正に計上するという目的がある。また、将来キャッシュ・フローの減少あるいは増加をもたらす繰延税金資産および繰延税金負債を適正に計上するという目的もある。なお、繰延税金資産に見合う純資産の増加部分については配当可能限度額に含まれる。

V まとめ

「多様なシステムが生まれるのは、1つのシステム内のさまざまな制度がお互いに補完的であり、システム全体としての強さを生み出しているからである」[30]という議論がある。この考え方は制度的補完性とよばれる。この見解からすると、わが国の会計基準が他国の基準に比べて経営者の裁量の余地を大きく残しているとしても、日本基準が劣っているとただちに結論づけることはできない。わが国の会計基準は法律・経営・経済に関するわが国のさまざまな要素と相互に補い合ってうまく機能しており他の条件が不変で会計基準だけを変更すると制度的補完性が失われわが国のシステム全体の機能が低下するかもしれないからである。

ただし、経済のボーダーレス化・企業のグローバル化が進むと、企業経営の特徴などの国による違いは以前より小さくなる。これにともない、会計制度の相違も徐々に小さくしていく必要性がある。その例として、資金調達形態についてわが国でも直接金融のウエイトが高まりつつあり、会計目的として企業実態の開示という点が重視されるようになってきた。会計基準の国際的調和の議論と相まって、トライアングル体制を解消すべきという見解が強まってきた[31]。「業績表示会計と配当限度額計算の

---

30) 青木・奥野（1996）2頁。
31) 国際的な動向として、時価評価する項目は増えてきている。ここで、資産の時価評価は未実現利益の計上につながるが、トライアングル体制のもとではそれが配当可能利益・課税所得に算入されるという問題が生じる。

分離」「利益計算と課税所得計算の分離」が進展すると、証取法会計が商法・税法から受ける拘束の度合いは小さくなり、会計基準の設定に関する自由度は飛躍的に高まることになる[32]。

わが国の会計について、Ⅱ-1で取り上げた「日本における会計の法律的及び概念的フレームワーク」は1991年に発表されたものであるが、2004年には「財務会計の概念フレームワーク」が討議資料というかたちで公表された（以下「討議資料」とよぶ）。他国の概念フレームワークと比較すると、「討議資料」は内的な整合性・純利益を重視しているという特徴がある。加古宣士教授は「討議資料」に関するディスカッションにおいて、商法・税法・証取法が有機的に結びついて分配可能利益の算定を主眼とする枠組みから、証取法会計を切り離し、証取法会計は実態開示機能を、商法会計・税務会計は分配可能利益算定機能を徹底するという方向性が形成されると述べられている[33]。また、桜井久勝教授は「討議資料」について、トライアングル体制に対する配慮が行われており、証取法会計に優先的地位を与えてはいるが、商法会計・税務会計を副次的に位置づけ、これらが証取法会計の制約条件になる可能性を指摘されている[34]。

次章以降でみるように、わが国では従来は会計処理に関する規定にあいまいさが存在し、経営者の裁量の余地が大きいケースがあった。ただ

---

32) ただ、トライアングル体制の解消は、会計計算および税務計算のコストが増大するという新たな問題を生み出す。これについては第7章で検討する。
33) 加古（2005）146頁。
34) 桜井（2005）157-158頁。

し、証取法会計・商法会計・税務会計が強く結びつくトライアングル体制によって、それなりにバランスがとれていたともいえる。現在の状況を以前と比べると、3つの会計の結びつきは緩和されている。会計基準・商法（会社法）・法人税法は、それぞれが目的を達成するため、お互いに妥協することなく、「自己主張」するような規定になってきたといえよう。

【参考文献】

FASB *Objectives of Financial Reporting by Business Enterprises, Statement of Financial Accounting Concepts, No.1,* 1978.

Mueller. G. G, Gernon. H and Meek. G. K *ACCOUNTING An International Perspective (fourth edition)* 1999.（野村健太郎・平松一夫監訳『国際会計入門（第4版）』中央経済社、1999年）

青木昌彦・奥野正寛編著『経済システムの比較制度分析』東京大学出版会、1996年。

新井清光・白鳥庄之助「日本における会計の法律的及び概念的フレームワーク」『JICPAジャーナル』3巻10号、1991年。

江頭憲治郎・中島祐二「会社法制の現代化に関する要綱案（案）をめぐって（その2）」『JICPAジャーナル』16巻12号、2004年。

加古宜士「会計基準と概念フレームワーク」（斎藤静樹編著『討議資料 財務会計の概念フレームワーク』中央経済社、2005年所収）。

金子宏『租税法（第10版）』弘文堂、2005年。

神田秀樹「情報開示会計と債権者保護会計との分離を」（伊藤邦雄・醍醐聰・田中建二編『事例研究 現代の企業決算 '92』中央経済社、1992年所収）。

神田秀樹『会社法（第7版）』弘文堂、2005年。

近藤光男・志谷匡史『改正株式会社法Ⅰ・Ⅱ・Ⅲ・Ⅳ』弘文堂、2002、2004、2005年。

斎藤静樹「利益の測定と会計制度の課題」『企業会計』44巻1号、1992年。

桜井久勝「概念フレームワークへの期待と討議資料の論点」（斎藤静樹編著『討議資料 財務会計の概念フレームワーク』中央経済社、2005年所収）。

武田隆二『法人税法精説』森山書店、毎年発行。

富岡幸雄『税務会計学（第5版）』森山書店、1985年。

中田信正『アメリカ税務会計論』中央経済社、1989年。

中田信正『財務会計・税法関係論』同文舘、2000年。

中村忠「商法と会計の隔たり」『税経通信』2001年11月。

中村利雄「我が国における確定決算基準について」『第13回日本公認会計士協会研究大会研究発表論文集』1992年。

中村宣一朗『会計規制』税務経理協会、1992年。

蓮井良憲・田村茂夫・片木晴彦・小林量・末永敏和・河村博文・西山芳喜『会社会
　計法』中央経済社、1991年。
弥永真生『企業会計と法（第2版）』新世社、2001年。

第2章──退職給付をめぐる会計と税務

● はじめに

　退職給付は、一定期間にわたり労働を提供したことを事由として、退職後に従業員に退職一時金あるいは企業年金というかたちで支給される給付である。わが国では高齢社会の到来にともない退職給付に関する企業の負担は増大しており、会計・税務の分野でも退職給付の取扱いは重要な問題となっている。本章では退職給付について、会計計算と税務計算がどのようにかかわり合っているのかを検討する。また、退職給付にかかる会計基準と税法規定の比較を通じて、会計計算と税務計算がどのような特徴を有しているのかについて考察する。

　本章の構成は次のとおりである。Ⅰでは退職給付にかかる会計基準、Ⅱでは退職給付にかかる税法規定について、それぞれ概略を示す。会計基準と税法規定はいずれも、1998年に大幅な改正が行われている。ⅢとⅣでは退職給付についての会計計算と税務計算の相互関係を検討する。

Ⅲでは1998年以前の両者の密接な結びつきを、Ⅳでは1998年以降の分離傾向を取り上げる。Ⅴでは退職給付の会計基準と税法規定を比較することで、会計計算と税務計算のそれぞれが有する質的特性をさぐる。

　第1章で示したように、わが国には商法会計・証取法会計・税務会計という3つの企業会計制度が存在するが、商法会計と証取法会計の財務諸表は表示方法が異なるだけで、実質的な内容は同じである。そこで本章では、商法会計と証取法会計をまとめて「会計計算」、税務会計のことを「税務計算」とよぶことにする。なお、企業年金[1]については確定給付型[2]に限定して検討を行う。

---

1) 企業年金については①年金掛金、②年金運用資産、③従業員への給付金、に対する課税があるが、本章で取り上げるのは①である。
2) 確定拠出型では企業に拠出後の追加負担が発生せず、拠出額を費用計上することで会計処理は完結する。税務計算についても同様である。

I 会計基準の概略

本節では退職給付にかかる会計基準の概略を1998年以前と1998年以降に分けて示す。

1 1998年以前

(1) 内部引当て

企業の退職給付は、内部引当てにより従業員に直接給付する部分と、外部拠出による企業年金制度にもとづく部分からなる[3]。従来の会計計算では内部引当てと外部拠出を別個のものとして取り扱い、内部引当てについては退職給与引当金を負債の部に計上するという会計処理が行われてきた。企業会計審議会は1968年に「企業会計上の個別問題に関する意見『第2 退職給与引当金の設定について』」（以下「個別意見書」という）を公表した[4]。「個別意見書」では、企業は当期の負担に属すべき退職金の金額を支出の事実にもとづくことなく、支出の原因または効果の期間帰属にもとづいて当期の費用として認識するとともに、これを負債として認識し、期末時点における累積額を貸借対照表に明示しなけ

---

3) 外部拠出による企業年金制度としてこれまで採用されてきたのは適格退職年金と厚生年金基金である。本章では両者をあわせて適格退職年金等とよぶ。なお、適格退職年金は2011年度末で廃止されることが決まっており、厚生年金基金に移行させるなどの方策をとる必要がある。

4)「個別意見書」は退職金の性格として①賃金後払説、②功績報償説、③生活保障説の3つをあげている。

ればならないとしている。

　また「個別意見書」は退職給与引当金の設定方法として、次の3方式を示している。

①将来支給額予測方式　従業員の全勤続期間における給与総支給額で当期の支給給与額を除した割合を、将来支給される見積退職金の総額に乗じて算出した金額を、退職金費用として計上する。

②期末要支給額計上方式　期末時点で全従業員が退職するとした場合の退職金要支給額と前期末におけるその額との差額を、退職金費用として計上する。

③現価方式　将来支給額予測方式または期末要支給額計上方式により計算された各期への費用配分額を、退職金支給予定時期までの期間および一定の割引率で現在価値額に割り引き、この現在価値額と期首退職給与引当金の利子相当額の合計額を、退職金費用として計上する。

　なお、日本公認会計士協会（以下「JICPA」という）は1969年に「退職給与引当金に関する会計処理及び監査上の取扱い」を会長通牒として公表し、「個別意見書」に従った監査意見の形成を会員に求めている。

(2)　**外部拠出**

　JICPAは1979年に「適格退職年金制度等に移行した場合の会計処理及び表示と監査上の取扱い（監査第一委員会報告第33号）」を公表している。それによると、移行によって生じた退職給与引当金超過額は一時に取り崩さず、移行時における年金財政計算上の過去勤務費用の掛金期間に対応して規則的に取り崩すことを求めている。税法規定による累積限度額を退職給与引当金の残高基準としていた企業については、超過額

を84か月で取り崩すことを認めている。また、注記すべき事項として、①適格退職年金制度等を採用した旨、②年金資産の合計額または過去勤務費用の現在額、③移行時の退職給与引当金超過額に関する会計処理方法、④過去勤務費用の掛金期間をあげている。このように、企業が退職給付を内部引当てから外部拠出へ移行した場合の会計・開示ルールは存在したが、外部拠出分そのものについて企業がどのように会計処理すべきかを示したルールは存在しなかった。

2　1998年以降

　1998年に企業会計審議会から「退職給付に係る会計基準」(以下「新会計基準」という)が、1999年にはJICPAから「退職給付会計に関する実務指針」が公表された。これらは2001年3月期から適用された。「新会計基準」は退職給付について内部引当てと外部拠出を統一的にとらえており、従来とは相当異なる会計処理を求めている。「新会計基準」の基本的な考え方は、将来の退職給付(退職一時金および退職年金)のうち当期の負担に属する額を、当期の費用として退職給付引当金に繰り入れ、当該引当金の残高を貸借対照表の負債の部に計上するというものである。退職給付引当金のおおまかな計算手順は次のとおりである。

① 　退職時に見込まれる退職給付の総額を見積もる。
② 　①の額のうち期末までに発生していると認められる額を、期間定額基準(退職給付見込額を全勤務期間で除した額を各期の発生額とする方法)にもとづき算定する。
③ 　②の額を、一定の割引率および退職時から現在までの予想期間にも

とづいて現在価値額に割り引くことで、期末時点での退職給付債務を算定する。
④ ③の額から、外部に積み立てられた年金資産（時価評価）を差し引いて、退職給付引当金の額を算定する。

　退職給付費用は「勤務費用＋利息費用－期待運用収益＋過去勤務債務の費用処理額＋数理計算上の差異の費用処理額＋会計基準変更時差異の費用処理額」という式で算定される。勤務費用は1期間の労働の対価として発生したと認められる退職給付について、割引計算で測定される額である。利息費用は期首時点の退職給付債務について期末までに発生する計算上の利息である。年金資産にかかる期待運用収益は退職給付費用から差し引かれる。

　過去勤務債務（退職給付水準の改訂等により発生した退職給付債務の増減部分）と数理計算上の差異（年金資産の期待運用収益と実際の運用成果との差異、退職給付債務の数理計算に用いた見積数値と実績との差異および見積数値の変更等により発生した差異）および会計基準変更時差異（新たな会計基準の採用により生じる影響額）については、退職給付引当金の計上にあたって差し引くことができる。その場合、過去勤務債務と数理計算上の差異は平均残存勤務期間以内の一定期間で、会計基準変更時差異は15年以内の一定期間で、規則的に費用処理する必要がある。

Ⅱ 税法規定の概略

本節では退職給付にかかる税法規定の概略を1998年以前と1998年以降に分けて示す。

1 1998年以前

(1) 内部引当て

法人税法は退職給付について、内部引当てと外部拠出とで異なった取扱いをしている。内部引当て分であるが、退職給与規程を定めている法人が使用人の退職により支給する退職給与にあてるため、損金経理により退職給与引当金勘定に繰り入れた金額については、その金額のうち繰入限度額に達するまでの金額は損金の額に算入される。退職給与引当金の繰入限度額は次のいずれか少ない金額である（旧法法54①、旧法令106①）[5]。

① 要支給額基準　当期末退職給与の要支給額－前期末から在職する使用人の前期末退職給与の要支給額

② 累積限度額基準　当期末退職給与の要支給額の40％－前期から繰り越された退職給与引当金の当期末残高

累積限度額基準は、退職給与引当金が新設された1952年には要支給

---

5) 労働協約等がない場合は③給与総額基準が加わり、繰入限度額は①②③の一番少ない金額になる。給与総額基準は当期末在職使用人にかかる給与総額の6％である（旧法令106②）。

額の100%とされていたが、1956年に50%に引き下げられ、1980年にはさらに40%に引き下げられた。

退職給与引当金の取崩額は益金の額に算入される。使用人が退職した場合は退職使用人にかかる前期末退職給与の要支給額を、期末退職給与引当金が当期末退職給与の要支給額の40%を超えるときはその超過額を、それぞれ取り崩す必要がある。本来の目的以外で一部を取り崩した場合には、退職給与引当金の全額を取り崩さなければならない（旧法法54②③、旧法令107①）。

(2) **外部拠出**

退職給付の外部拠出分である適格退職年金等については、年金財政計算によって掛金額が算定され、企業は掛金の支払を行う。税務計算では企業が適格退職年金等に掛金を支払った時点で、掛金額が損金算入される（法令135）。つまり、損金の認識基準として現金主義が採用されている。

2　1998年以降

(1)　**内部引当て**

法人税法は1998年に、1965年以来の大規模な改正が行われた。退職給与引当金についても変更があり、繰入限度額のうちの累積限度額基準が、期末退職給与の要支給額の40%から20%に引き下げられた。引下げは段階的に行われ、1998年度は37%、1999年度は33%、2000年度は30%、2001年度は27%、2002年度は23%という率が適用され、2003年度から20%が適用されることになった。なお、退職給与引当金はその後、2002年度税制改正で全面的に廃止されることになった。引当金残高に

ついては、中小法人は10年間、その他の法人は4年間で取り崩される。
(2) 外部拠出
　適格退職年金等については、掛金が損金の額に算入されるという点で変更はない。ただし1998年以降は、会計計算では内部引当てと外部拠出を統一的に扱うのに対し、税務計算では従来どおり別個のものとして扱うため、会計計算と税務計算の取扱いは大きく異なることになった。この点に関連して、国税庁は次のような取扱いを公表した[6]。

① 　会計上の退職給付引当金は内部引当て分と外部拠出分が区別されていないが、法人税申告書に区分計算書（明細書）を添付した場合は、会計上の退職給付引当金のうち内部引当て分だけを税務上の退職給与引当金として扱う。その場合、会計上の退職給付費用（＝勤務費用＋利息費用−期待運用収益＋過去勤務債務の費用処理額＋数理計算上の差異の費用処理額＋会計基準変更時差異の費用処理額）のうち外部拠出分については税務上損金または益金の額に算入せず、年金掛金を支出した時点で掛金額を損金算入する[7]。

② 　退職給付目的の信託について会計計算では、信託設定時に信託財産の簿価と時価の差額を退職給付信託設定損益として収益または費用に計上し、信託設定後に当該財産から生じた配当金・利息等は企業に帰

6）「退職給付会計に係る税務上の取扱いについて（意見照会）」日本公認会計士協会、2000年。「退職給付会計に係る税務上の取扱いについて」国税庁、2000年。

7）会計計算では年金掛金の支出に際し、退職給付引当金が取り崩される。退職給付引当金を内部引当て分と外部拠出分とに区別しなければ、当該取崩しは税務上の退職給与引当金の目的外取崩しになる。

属しないものとして扱う。一方税務計算では、退職給付信託設定損益を益金または損金の額に算入せず、信託財産から生じた配当金・利息等は企業に帰属するものとして扱う。

III　会計計算と税務計算の歩み寄り

　会計計算と税務計算は目的が異なるが、1998年以前は両者が強く結びつき、そのことはわが国の企業会計制度の特徴をなしていた。本節では会計計算と税務計算の歩み寄りを退職給付に即して検討する。

1　「会計計算→税務計算」という影響

　会計計算では費用の認識基準として発生主義を採用している。それに対して、税務計算は損金の認識基準として債務確定主義という法的テストを採用し、損金の計上は償却費を除き債務の確定が要件とされる（法法22③）。債務が確定していない費用は発生の見込みと金額が明確でないため、損金算入を認めると所得計算が不正確になり、所得金額が不当に減少するおそれがあるというのが、債務確定主義を採用している理由である[8]。

　引当金は債務が確定していないものであり、債務確定主義の考え方からすると税務計算では引当金の計上が不可能となる。しかし会計計算には、「努力と成果」「犠牲と効果」という対応関係にある費用と収益についてはできるだけ同一期間に計上し、期間損益計算の適正化をはかるという費用収益対応の原則が基本原理として存在する。発生費用と実現収益は期間的に必ずしも対応しておらず、特定の収益に対応する費用が後になって発生することがあるが、その場合には「将来の費用」を「当期

8）金子（2005）273頁。

の費用」として前もって計上し、その貸方項目として引当金が計上される。企業会計原則注解18は「将来の特定の費用又は損失であって、その発生が当期以前の事象に起因し、発生の可能性が高く、かつ、その金額を合理的に見積ることができる場合には、当期の負担に属する金額を当期の費用又は損失として引当金に繰り入れ、当該引当金の残高を貸借対照表の負債の部又は資産の部に記載するものとする。」と規定している。

そこで、費用収益対応の原則の考え方を税務計算にも導入し、法人税法は別段の定めを設けることで、債務確定主義の例外として引当金の計上を認めたのである。会計計算では引当金の種類は限定されていないが、税務計算では1998年度税制改正前の時点で6種類（貸倒引当金・返品調整引当金・賞与引当金・退職給与引当金・特別修繕引当金・製品保証等引当金）に限定されていた。税務上の退職給与引当金は課税所得を期間損益計算の観点から合理的に計算するために、会計計算の思考を税務計算に取り入れることで認められたものであり、政策税制として設けられたものではない。そこには「会計計算→税務計算」という方向の影響が存在する。

2　「税務計算→会計計算」という影響

会計計算のルールが企業の会計実務における実践規範としての機能を果たすためには、詳細かつ具体的なものである必要がある。わが国では以前は、退職給付について詳細な会計ルールは存在しなかった[9]。内部

---

9) 詳細な会計基準が存在しなかったのは退職給付に限ったことではない。わが国で最も基本となる「企業会計原則」は、特定の問題について個別に対処するピースミール方式で設定されたものではないため、具体的なものになりえなかった。

引当てについては「個別意見書」が退職給与引当金の設定方式を3種類提示しているが、それは考え方を大まかに示したものにすぎず、実践規範としては多少無理があった。外部拠出にいたっては、内部引当てから外部拠出への移行の取扱いを除き、会計処理基準は存在しなかった。一方、退職給付に関する税法規定は、施行令・施行規則・通達を含めると明確かつ詳細なものとなっている。したがって、企業の会計計算が税法規定に依存してきたのも、ある意味でやむをえないことであった。

従来、税法規定が会計計算の事実上のルールとして機能し、その結果、税法に準拠した会計処理が広く採用されてきた。内部引当てについては、税務上の退職給与引当金の繰入限度額を会計上の費用として計上するケースが多くあった。税務上の繰入限度額のうち要支給額基準が累積限度額基準を下回るのは、整理退職等による取崩しで引当金残高が累積限度額より極端に小さくなった場合などに限定され[10]、通常は累積限度額基準による金額が繰入限度額となる。会計計算における退職給与引当金の設定基準として、1998年の時点で、当時の税法基準すなわち要支給額の40％を採用している企業は、上場企業ではほぼ半数にのぼった。要支給額の100％という基準を採用している企業は2割ほどであった[11]。また外部拠出の会計処理については通常、税務上の損金算入額すなわち年金財政計算により算定された掛金額を支払時に費用計上するという方式が採用されてきた[12]。

---

10) 古牟田（1997）286頁。
11) 日本公認会計士協会編（平成12年版）317頁。
12) 年金財政計算における過去勤務債務の未払込額を有税で未払金計上するケースもあった。

1980年度税制改正で累積限度額基準が要支給額の50％から40％に引き下げられたが、その際にJICPAから「退職給与引当金に係る税法の改正に伴う会計処理及び表示と監査上の取扱い（監査第一委員会報告第35号）」が公表された。委員会報告35号の内容は、会計計算における退職給与引当金の設定基準として税法基準すなわち要支給額の50％を採用していた企業が、改正後の税法基準すなわち要支給額の40％に移行した場合は、監査上妥当なものと認めることができるというものである。JICPAという会計計算の信頼性の付与にかかわる立場にあるものが「税法規定の会計基準化」を容認している。ここには「税務計算→会計計算」という方向の影響が明確なかたちで存在する。

　わが国では、商法規定による確定した決算にもとづいて課税所得計算を行うという確定決算主義が採用され、退職給付に限らず全般的に会計計算と税務計算は強く結びついてきた。確定決算主義は上述したように税法規定の会計基準化という、いわゆる逆基準性の問題を引き起こし、その点に対する批判が存在した。しかし、逆基準性が生じた理由は詳細な会計基準を設定しなかった会計サイドのほうにもあるのである。詳細な会計基準が存在しなかった時代に税法規定が会計実務に具体的な指針を提供した点は積極的に評価されるべきであろう[13]。

---

13) 第7章で取り上げるように、会計計算と税務計算が相当部分で重なり合う確定決算主義には、企業の計算手続きのコストが節約されるというメリットが存在する。会計計算と税務計算で異なる処理方法を採用していると、退職給付に関する台帳は2種類必要になるが、同じ方法であれば1つで済むからである。

Ⅳ　会計計算と税務計算の分離

従来は会計計算と税務計算が密接に結びついていたが、1998年の制度改正によって両者は分離傾向を示すようになった。本節では会計計算と税務計算の分離という点について、退職給付に即して検討を行う。

1　「会計計算→税務計算」という影響の解消

1998年に法人税法が大幅に改正された。改正のポイントは課税ベースの拡大と税率の引下げである。課税ベースの拡大に関連して、税務上の引当金については、それまで認められていた6種類のうち返品調整引当金以外の5種類が縮減された。賞与引当金と製品保証等引当金は制度自体が廃止され、貸倒引当金は法定繰入率が廃止され、特別修繕引当金は廃止されたうえで特別修繕準備金が創設された。退職給与引当金については累積限度額基準が期末退職給与の要支給額の40％から段階的に20％に引き下げられた（その後、2002年度税制改正で全面的に廃止された）。

1998年度税制改正に先立ち、税制調査会は1996年に「法人課税小委員会報告」を公表しており、そこでは引当金の金額を縮減すべきとの主張が展開されている。その理由として①引当金は債務が確定しておらず公平性・明確性という課税上の要請から不確実な費用・損失の見積計上は極力抑制すべきである、②引当金は巨額にのぼっており企業ごとの利用状況に差がある、といった点をあげている。

また、「法人課税小委員会報告」は退職給与引当金を縮減すべき理由

として①支払が長期間経過後になされる費用を支払に先行して控除することは抑制的に考えるべきである、②退職金支給のウエイトの高い企業と低い企業および退職給与引当金を利用している企業としていない企業で税負担のアンバランスが生じている、③退職給与引当金が給与の支給形態に影響を与えている可能性がある、④労働者の受給権を保全する観点からは退職給与引当金より外部拠出の年金制度のほうが望ましい、という点をあげている。これらの縮減理由は費用収益対応の原則とは別次元のものである。なかでも④については、企業の退職給付制度自体を変更させようとするもので、政策的な色彩が強い。

　1998年度税制改正は「法人課税小委員会報告」の考えを踏襲したものになっている。税務上の引当金は費用収益対応の原則を税務計算に導入するという「会計計算→税務計算」という影響の現れであるが、その影響は弱められたといえる。

２　「税務計算→会計計算」という影響の解消

　退職給付の外部拠出分については多くの企業で積立て不足が生じていた。年金掛金額を費用計上するという従来の会計処理方法では、多額の年金債務がオフバランス状態になっており、企業実態の開示という点で問題があった。そこで、退職給付について内部引当てと外部拠出を一元的にとらえ、厳密な数理計算にもとづき年金債務のオンバランス化をはかるという「新会計基準」が採用された。年金資産が一定であれば、「新会計基準」の導入により、ほとんどの企業で会計上の要引当額は増大する。なお、「新会計基準」の採用には会計基準の国際的調和という側

面がある。わが国の「新会計基準」と国際会計基準19号および米国のSFAS87号では、基本的な考え方は同じである。

「新会計基準」および実務指針は、退職給付の会計処理方法についてかなり詳細な点まで規定しており、実践規範としての機能を果たしうるものである。よって、これまでのように会計計算は税法規定に依存する必要がない。なお、1998年度改正後の退職給与引当金に関する税法規定は、従来どおり損金経理要件を維持しているが、税務上の累積限度額基準は「新会計基準」による要引当額よりも小さくなるため、会計上で費用計上すべき額が税務上の損金算入限度額を下回っているにもかかわらず、税務上の恩典を受けるため損金算入限度額全額を費用計上するという問題は生じなくなった。

JICPAは「平成10年度の税制改正と監査上の取扱いについて（監査委員会報告第57号）」を公表した。これは、従来税法基準により会計処理をしていた場合に、税制改正項目に関する会計処理についての監査上の取扱いを示したものである。わが国では税法基準による会計処理が実務慣行として多く採用されてきたが、1998年度（平成10年度）税制改正は会計上容認できる処理を一部逸脱していると指摘している。引当金についてはそれまで、税法基準により計上した場合は著しく不合理である場合を除き監査上妥当なものとしてきたが、本来は企業会計原則注解18にもとづいて必要額を計上すべきであり、退職給与引当金については従来の実務慣行を考慮し、監査上は次のように扱うとしている。

① 「新会計基準」が適用されるまでの間は、改正前の限度額である要支給額の40％を継続して計上する限り妥当なものとする。

② 要支給額の40％から段階的に引き下げられる引当率を適用する場合は妥当なものとしない。

委員会報告57号は税制改正が行われてから「新会計基準」が適用になるまでの数年間の経過規定であるが、累積限度額の段階的引下げという税法規定にもとづく会計処理を認めておらず、「税法規定の会計基準化」を否定している。税法規定による会計処理を容認した委員会報告35号と委員会報告57号を比較することで、JICPAのスタンスの変化をはっきりみることができる。「個別意見書」は、現価方式により退職給与引当金を設定する場合、従業員の在職年数等が税法の計算根拠と大差のない場合は平均的に定められた税法の累積限度額基準によってもよいが、税法基準によることが妥当でない場合は企業実態に応じて設定すべきであると述べている。1998年度税制改正前の要支給額の40％でも実態から乖離しているとの批判が存在したが、累積限度額の引下げは会計計算で計上すべき金額との乖離を拡大させ、もはや会計サイドからすると容認できる限度を超えているのである[14]。

3　会計計算と税務計算の相互関係のまとめ

会計計算と税務計算の関係は1998年の前後で大きく異なる。従来は会計計算と税務計算が密接に結びついていたが、1998年の改正で両者は分離するようになった。会計計算は国際的であるのに対し、税務計算は国家的であるため、企業の国際化が進むにつれて会計計算と税務計算

---

14) 税務上の退職給与引当金が廃止された現状では、税法基準に準拠した会計処理というものはありえない。

の一致が困難になるのはやむをえない[15]。1998年に「税効果会計に係る会計基準」が公表され、会計計算と税務計算の相違は税効果会計で処理される。

　退職給付については1998年に、会計計算と税務計算がそれぞれ独自の論理にもとづいて制度を改正した。従業員に対する支給時よりも前の時点で費用ないし損金を見積計上することについて、会計計算は積極的に、税務計算は消極的にというように、両者の改正は逆方向である。改正が逆向きであるという点は、会計計算と税務計算の両者がそれまでお互いに妥協し合ってきたことを示唆している。比喩的に表現すると、1998年の会計基準および税制の改正は、ゴムひもの両端を「会計」と「税務」という２人が引っ張り合って伸びている状態で、ゴムひもの真ん中をハサミで切ったようなものであるといえる。

---

15) 中田（2000）260頁。

V　会計計算と税務計算の質的特性

1998年以降は退職給付に関する会計基準と税法規定が大きく異なる。本節では、退職給付にかかる会計基準と税法規定を比較することで、会計計算と税務計算が有する特徴を明らかにする。

1　予測計算と確定計算

「個別意見書」は退職給与引当金の設定について、将来支給額予測方式は高度の推定計算を取り入れるため、保険数理専門家の援助が必要で実務的に採用が困難であり、予測を用いずに現に把握できる数値による期末要支給額計上方式が実際的であると述べている。

しかし、「新会計基準」は「個別意見書」の考えを改め、退職率・死亡率・昇給率・割引率など多くの予測数値を用いる方式を採用した。会計計算は意思決定有用性という目的を重視するため将来指向的になり、予測数値という要素が入り込みやすい。会計情報の信頼性と目的適合性は相互に対立することがある[16]。予測数値を多く導入することで、会計情報の信頼性が揺らぐ危険性はあるが、意思決定有用性という目的との適合性は上昇する。

一方、税務計算に予測数値が取り入れられることは少ない。退職給与引当金の計算においても期末要支給額という確定数値が用いられる。税務計算の目的は公平な課税の達成である。予測数値の導入は課税の公平

---

16) FASB, Concepts No. 2, par. 90.

性を損なう危険性があり、そうであれば信頼性と目的適合性の双方にデメリットが生じることになる。税務計算に予測数値という不確定な要素を持ち込むことは困難である。

　将来事象にかかる金額を測定する方法であるが、会計計算では過去の実績値をもとに、それ以外の要素を加味して金額が決定される。将来の退職給付額の見積りについてもそのことはあてはまる。それに対して、税務計算では過去の実績値を将来事象にそのままあてはめるという傾向がある。退職給付以外の例として、旧賞与引当金（1998年度税制改正で廃止）では、過去の１年間の支給額を将来支給額の計算に適用するという方式が採用されていた。また貸倒引当金については、過去の貸倒実績率がそのまま将来の貸倒率として適用される。税務計算では、過去の実績値以外の不確定な予測数値が入り込むことを回避している。よって、将来支給額を予測し、それをもとに退職給付債務および退職給付費用を計算するという「新会計基準」が採用した方式は、税務計算の発想とは異なるものであるといえる。

２　選択性と画一性

　退職給付の会計計算には「認識の遅延」という特徴がある[17]。認識の遅延とは、退職給付債務の一部をオフバランス状態におき、一時の費用とするのではなく費用の繰延べを認めるというものである。「新会計基準」は過去勤務債務と数理計算上の差異について認識の遅延を認めて

---

17) FASB, Standards No. 87は年金会計の特徴として①認識の遅延、②純費用の報告、③負債と資産の相殺、の３点をあげている。par. 84.

いる[18]。過去勤務債務については、給付水準の改訂が将来にわたる勤労意欲の向上を期待して行われる面があるという理由で、また数理計算上の差異については、予測と実績の乖離だけでなく予測数値の修正も反映され[19]、一時に処理することが債務状態を適切に表現するといえない面があるという理由で、それぞれ認識の遅延が認められている。会計計算では、年金資産の運用収益は実際値ではなく期待値を用いて期首時点で計算し、その額を退職給付費用から控除するのであるが、その結果、数理計算上の差異が必然的に発生する。期待運用収益として低い数値を設定すれば利益が繰り延べられるというように、そこには経営者の裁量の余地が存在する。

　一方、税務計算でも、会計計算における認識の遅延に相当するものがないわけではない。適格退職年金等では掛金の支払時に損金算入するという現金主義が採用されている。掛金額は年金財政計算により決定されるが、財政再計算の結果として認識される過去勤務債務および数理計算上の差異に相当する金額については、企業に即時支払を要求せず、「掛金支払の遅延」を認める制度になっており、それゆえ損金の計上は遅れることになる。

　このように、税務計算と会計計算では遅延の意味が異なる。税務計算では掛金支払という「事実」が遅れ、それに現金主義という裁量の余地

---

[18] 会計基準変更時差異についても、長期間にわたって累積された影響を一時に処理すると期間比較可能性が損なわれるという理由で、認識の遅延が認められている。

[19] 会計計算における数理計算上の差異はベースアップによる退職給付債務の増加などからも生じる。

の小さい方式を適用することで、結果として損金算入が遅れている。一方、会計計算の数理計算上の差異にかかる認識の遅延は、掛金支払という「事実」の遅れではなく、「経営者の判断」によって生じているのである。

　税務計算では「納税者間における租税負担の公平性を保持するため、個別納税者の過度の主観的判断の介入による恣意的な計算を排除し、計算の適正性の確保」[20]が必要である。税務計算において経営者の恣意性を抑制する例として退職給付以外には、企業が標準原価計算または予定原価計算を行う場合、原価差額の調整が不要となるケースを金額基準により限定するということがある。「新会計基準」が採用しているような「経営者の判断」に由来する数理計算上の差異にかかる認識の遅延は、税務計算では恣意的な処理につながりかねないため認めることはできない。

3　複雑さと簡便さ

　「新会計基準」は多くの予測数値を用いる計算方式を採用しており、退職給付引当金および退職給付費用の計算はかなり複雑である。「新会計基準」にもとづく会計計算を実施するには保険数理専門家の援助がなければ事実上不可能である。一方税務計算であるが、期末退職給与の要支給額を利用するため予測が不要であり、計算は比較的容易である。なお「新会計基準」は、小規模企業については簡便的な方法を用いることを認めている。実務指針は簡便法を適用できるのは原則として従業員

20）富岡（1985）85頁。

300人未満の企業であると規定し、簡便法の内容として内部引当てでは期末要支給額を用いる方法、外部拠出では年金財政計算の責任準備金を用いる方法などを示している。

税務計算には「納税者の便宜を図るとともに、税務行政上の容易性と効率性をも考慮する」[21]ことが必要である。退職給付にかかる税法規定はそれほど複雑でなく、企業の計算手続き上の負担は小さい。税法規定が「新会計基準」のような複雑なものであれば、納税者にとって負担が大きいだけでなく、税務当局にとっても税務調査が困難になる。また、納税者と税務当局の間で異なった判断を招くことでトラブルを引き起こしかねない。したがって、複雑な税法規定は納税者と税務当局の双方にとってデメリットが大きい。「新会計基準」はその複雑さゆえ、会計計算の手続きコストは従来の方法と比較して大幅に上昇するが、会計情報の有用性という点でそれ以上のメリットがあると考え、採用されたといえる。

会計計算については、企業の規模が異なると利害関係者の数・種類が異なるため、企業規模により異なる会計処理方法の採用を認めることはそれなりの妥当性がある。一方税務計算については、企業の直接的な利害関係者は規模にかかわらず政府だけである[22]。企業規模が異なると租税負担力は異なるため、中小企業に対するその点の配慮（例として軽減税率）は以前から存在したが、大企業と中小企業でまったく異なる課税方式を適用することは租税制度として適当でないと思われる。したがっ

---

21) 富岡（1985）94頁。
22) もちろん、政府以外の経済主体も間接的には利害関係者になる。

て、税務計算では多くの企業に受け入れられるような簡便な方法が採用されるのである。

4 法的形式と経済的実態

　企業活動については、その法的形式と経済的実態が一致しない場合がある。法的形式よりも経済的実態を重視するという考え方は、会計計算と税務計算のいずれにも存在する。税務計算について、富岡幸雄教授は「納税者の実質的担税力に即して公平な課税を実現するため、課税所得の帰属者の決定および課税所得の概念構成ならびに計測にあたっては、表見的事実にとらわれず、課税要件事実の経済的実質に即応して行うべき」であると述べられている[23]。ただ、実質優先という考え方は、会計計算と税務計算の間で完全には一致していない。退職給付については次のような相違点がある。

①法的債務とみなし債務　会計上の退職給付債務にかかる債務概念は法的債務から、それよりも広い概念である、慣行にもとづく「みなし債務」へと移行している[24]。みなし債務は、企業慣行の変更が従業員と企業との関係に重大な問題を引き起こすなど、退職給付を支給する以外に実質的な選択肢を有しない場合に生じる[25]。一方、税務上の退職給与引当金であるが、累積限度額は期末退職給与の要支給額を基礎とし、それに一定率を乗じて算定される。懲戒解雇の場合は退職

---

23) 富岡（1985）83頁。
24) 今福（2000）52頁。
25) 国際会計基準19号、par. 52.

金が支給されないなど、要支給額も確定債務の金額ではない。しかし、要支給額は会計上の退職給付債務と比較すると、法的債務としての性格は強いといえる。

②内部引当てと外部拠出　退職給付には内部引当てにより直接支給する部分と外部拠出による企業年金部分があり、会計計算では両者を統一的に処理する。一方、税務計算では内部引当てと外部拠出について異なった取扱いをする。会計計算は内部引当てと外部拠出という形式の相違よりも、従業員に対する退職給付の支給という内容の同一性を重視しているのに対し、税務計算では内部引当てと外部拠出という形式の相違をも考慮している。

③退職給付信託　「新会計基準」の導入で生じた多額の引当て不足を解消する手段として、保有株式の拠出というかたちでの退職給付信託が多くの企業で採用されている。退職給付信託については会計計算と税務計算で取扱いが異なる。税務計算では信託財産にかかる収入・支出は、受益者が特定している場合は受益者が信託財産を有し、受益者が特定していない場合（または存在していない場合）は委託者が有するとみなして、税法規定を適用する（法法12①）。退職給付信託は受益者が特定されていないため、税務計算では信託財産は企業が保有するものとして扱われる。それに対し、会計計算では受益者の特定という法的形式ではなく、信託財産は退職給付の支給のみに充当されるという経済的実態を重視し、当該資産は企業の資産から分離したものとして扱われる。

5 時間の取扱い

　退職給付について、会計計算では貨幣の時間価値を考慮している。退職給付債務は、退職後に従業員に退職一時金あるいは企業年金というかたちで支給される金額を現在価値に割り引いて計算される。一方、税務計算でも時間の価値は考慮されている。退職給与引当金が新設された1952年には累積限度額は期末退職給与の要支給額の100％とされていたが、退職金が実際に支給されるのは従業員の退職時点であり、現時点で確保すべきなのは将来支給額を現在価値に割り引いた額でよいという理由で、累積限度額は1956年に要支給額の50％に引き下げられた。その後、平均予定在職年数と利子率の見直しが行われ、1980年に要支給額の40％に引き下げられた。40％という数字は、従業員の平均予定在職年数が12年、利子率が8％として計算されたものである。累積限度額基準は「個別意見書」で示されている3方式のうち、期末要支給額計上方式と現価方式を結合した方法である。

　ただし、税務計算における時間価値の取扱いは、会計計算ほど理論的ではない。第1点として、税務計算では会計計算のように将来キャッシュ・フローを現在価値に割り引くのではなく、従業員が期末時点で退職したと仮定した場合の要支給額を、将来時点から期末時点まで割り引いているということがあげられる。期末時点での確定額である期末要支給額を割り引くという計算は問題があるといえる[26]。第2点は、1998年度税制改正に関連している。税務上の退職給与引当金の累積限度額が

---

26) 今福 (2000) 70頁。

第2章　退職給付をめぐる会計と税務　*63*

要支給額の40％から20％に引き下げられたのであるが、それは1980年度改正のように従業員の在職年数や割引率の見直しによるものではなく、「課税ベースの拡大」という観点から実施されたものである[27]。

なお、割引計算は将来キャッシュ・フローの金額を現在価値に置き換える行為であるため、「割引計算」と「将来予測」は不可分の関係にある。税務計算には将来予測を回避する傾向があるため、割引計算は税務計算には基本的になじみにくいといえる。将来指向的である会計計算においては割引計算が採用されるケースは今後増えると考えられる。固定資産にかかる減損会計はその一例であり、そこでは固定資産から得られる将来キャッシュ・フローが減損損失の測定に結びつく。会計計算に割引計算という要素が増えるほど、会計計算と税務計算の乖離は大きくなるであろう。

6　ストック計算とフロー計算

会計計算と税務計算のいずれにも、フロー計算とストック計算という2つの側面がある。会計計算はストック計算を重視する方向へと変化しつつあり、貸借対照表は「連続する損益計算書の連結環」という消極的な位置づけから、資産・負債にかかる情報を開示するものとして、より積極的な意味を有するようになってきている。一方、税務計算の本質は課税所得計算というフロー計算である。税務計算にも法人税申告書別表

---

[27] 2002年度税制改正で退職給与引当金が廃止されたが、その理由の1つに、連結納税制度の導入にともなう財源確保ということがある。武田（平成16年版）886頁。

5 (1)などストックに関する計算書は存在するが、ストック情報自体にそれほどの価値があるわけではなく、基本的には将来の課税所得計算への役立ちというフロー計算とのかかわりで意味をもつものである[28]。

　会計計算と税務計算ではストック計算とフロー計算のウエイトづけが異なるが、退職給付にかかる1998年の制度改正もこの点と関係している。「新会計基準」は企業の負担を貸借対照表に退職給付引当金という負債として適正に計上することを重視し、退職給付費用ではなく退職給付債務から出発するという計算方式を採用している。「新会計基準」は「負債の会計学」という特色が強く[29]、そこにはストック計算重視の姿勢がみられる。一方、1998年度税制改正のポイントは課税ベースの拡大と税率の引下げである。課税ベースを拡大する１つの方策として損金計上の時期を遅らせるということがあるが、その一環として退職給与引当金の累積限度額が引き下げられたのである。つまり、税務上の退職給与引当金の縮減はフロー計算にかかわるものである。

　1998年以前と異なり、会計計算と税務計算の結びつきが緩和された状況において、会計計算のストック重視の傾向は、会計計算と税務計算のさらなる乖離をもたらすことであろう。

---

28) 別表5 (1)は清算所得課税や留保金課税にもかかわってくるが、これらについてはストック計算の性格が含まれる。
29) 今福 (2000) はしがき2頁。

Ⅵ　結びにかえて

　会計計算と税務計算の関係としては、1998年以前は両者がお互いに歩み寄っていたが、1998年以降は分離する傾向を示すようになった。会計計算と税務計算の「歩み寄りから分離」という方針転換は、退職給付に限らず企業活動全般にかかわる現象であるが、退職給付では顕著なかたちで現れているといえる。1998年以降は退職給付に関する会計基準と税法規定が大きく異なっている。その相違点を検討することで、会計計算と税務計算のそれぞれが有する特徴を、ある程度明らかにすることができたのではないかと思われる。

【参考文献】

FASB, *Statement of Financial Accounting Concepts No.2, Qualitative Characteristics of Accounting Information*, 1980.

FASB, *Statement of Financial Accounting Standards No.87, Employers' Accounting for Pensions*, 1985.

今福愛志『年金の会計学』新世社、2000年。

金子宏『租税法（第10版）』弘文堂、2005年。

武田隆二『法人税法精説』森山書店、毎年発行。

富岡幸雄『税務会計学（第5版）』森山書店、1985年。

中田信正『財務会計・税法関係論』同文舘、2000年。

日本公認会計士協会編『決算開示トレンド』中央経済社、毎年発行。

日本公認会計士協会京滋会編著『退職金の会計と税務（3訂版）』清文社、1999年。

広瀬義州・間島進吾編『コンメンタール国際会計基準Ⅴ』税務経理協会、2000年。

山口修『「退職給付債務」の実務』中央経済社、2000年。

吉牟田勲『新版法人税法詳説（平成9年度版）』中央経済社、1997年。

第3章───合併をめぐる会計と税務

● はじめに

　合併とは複数の会社が契約により1つの会社に合体することである。第1章でみたように、わが国の企業会計制度は証取法会計・商法会計・税務会計の3つによって形成されている。トライアングル体制は会計制度全般にわたる構造である。ただ、合併は法律の影響または制約を強く受けるため、トライアングル体制の特徴が顕著に現れる。そこで本章では、トライアングル体制が合併にいかなる影響を及ぼすのかを考察する。

　本章の構成は次のとおりである。Ⅰでは合併について、以前の会計基準と税法規定の概要を示す。Ⅱではトライアングル体制という会計制度の特徴が、合併において、どのような影響を及ぼしてきたのかを検討する。ここで取り上げる項目は「資産の引継ぎ」「資本項目の引継ぎ」「営業権（のれん）[1]の計上」「被合併会社の欠損金」である。合併にかか

---

1) 「企業結合に係る会計基準」および「会社計算規則」では、のれんという用語に統一されている。ただし本章では、営業権とのれんという用語を併用している。

わる諸規定は近年大きく変化したが、Ⅲでは改正後の会計基準および税法を説明する。それをふまえて、Ⅳでは改正後のトライアングル体制の影響を考察する。なお本章では、ある株式会社が他の株式会社を吸収合併することを前提として議論を行う。

Ⅰ　改正前の制度

本節では、合併に関する改正前の会計基準と税法規定の概略を示す。

1　会計基準

合併の会計処理方法として、理論的には持分プーリング法とパーチェス法の2つの方式をあげることができる。持分プーリング法は、複数の企業が所有者持分の結合により1つの企業に結合し、合併前の企業が合併後もそのまま存続するものとして処理する方式である。一方、パーチェス法は、ある企業が別の企業を支配獲得するものとして処理する方式である。持分プーリング法とパーチェス法の主たる相違点は次の3点である。

①被合併会社の留保利益
　　　　持分プーリング法：留保利益のままで承継する
　　　　パーチェス法　　　：資本準備金として承継する
②被合併会社の資産
　　　　持分プーリング法：被合併会社の帳簿価額で引き継ぐ
　　　　パーチェス法　　　：時価で評価替えして引き継ぐ

③のれんの計上

  持分プーリング法：合併時に新たに計上しない

  パーチェス法　　：合併時に新たに計上することがある

わが国では従来、合併に関する会計処理方法は企業会計原則と商法で規定されていた。上記の3論点に即して、それらの規定を整理すると次のようになる[2]。

① 被合併会社の留保利益は資本準備金として計上するのが原則であるが、任意積立金と未処分利益についてはそのまま引き継ぐという例外も認められている。この場合、被合併会社の利益準備金については合併会社の利益準備金として引き継ぐ必要がある。よって、持分プーリング的とパーチェス的のどちらともいえない。

② 被合併会社の引継資産の評価については、明文規定はない。ただ解釈上、時価以下ならいかなる金額でもよいと解されている。よって、持分プーリング的とパーチェス的のどちらともいえない。

③ 合併時にのれんを計上することは可能であるが、5年以内に均等額以上を償却する必要がある。よって、パーチェス的な規定であるが、のれんの計上を強制していないため、持分プーリング的処理も可能である。

上記の合併会計基準について、実際の適用状況はどうであろうか。会計学者による事例研究によると[3]、法形式上は新設合併はほとんどな

2）ここでは3論点のそれぞれについて、持分プーリング法とパーチェス法のいずれに該当するのかを判定し、「持分プーリング的」あるいは「パーチェス的」とよんでいる。

3）例として、醍醐（1990）・黒川（1991、1992）などがある。

く、大半が吸収合併である。また、企業グループ内での合併が多い。①で取り上げた留保利益の承継の問題については、被合併会社の留保利益を留保利益のまま引き継ぐという点で、持分プーリング的な処理が多くみられる。また、②③で取り上げた引継資産の評価およびのれんの計上の問題については、被合併会社の帳簿価額をそのまま引き継ぎ、のれんを計上しないという点で、持分プーリング的な処理が多数を占める。ただ、合併当事会社のいずれかが欠損金を有する場合に、被合併会社が保有する土地等を再評価し、その含み益で欠損金を補填するという、いわゆる救済型合併の事例もかなり見受けられる。

　米国で以前に採用されていたAPB16号は、持分プーリング法とパーチェス法の会計処理方法、ならびに、そのいずれを適用するのかという判定基準を明確に定めていた。それに対し、わが国では企業会計原則と商法のいずれにおいても合併の会計処理は詳細には規定されておらず、「会計ルールの事実上の空白状態」[4]が生じていた。合併の実態により、持分プーリング法とパーチェス法のどちらかを強制するといったものではなく、両方式のどちらでも、またその中間的処理も可能になっている。その意味で、合併時の会計処理方法については、経営者の恣意性の介入の余地が非常に大きい。現実には持分プーリング的な会計処理が多いが、それは会計基準によって定められているからではない。米国でも一時期、償却負担が少なくて済むなどの理由から持分プーリング法の濫用が生じたが、わが国では会計的理由に加え、Ⅱで述べるように、商法の配当規制や合併課税規定により、そのような事態が生じていたのである。

4）醍醐（1990）はしがき2頁。

2 税法規定

吸収合併においては、税務上は
- 被合併会社が課税される場合
- 合併会社が課税される場合
- 被合併会社と合併会社のいずれも課税されない場合

に分かれる[5]。

まず、被合併会社が課税される場合であるが、これは被合併会社に清算所得が生じるということである。清算所得は

被合併会社の清算所得＝（合併交付株式＋合併交付金）
－被合併会社の簿価純資産

という式で算定される[6]。ここで、合併交付株式は額面金額[7]で計算される。

次に合併会社が課税される場合を取り上げる。被合併会社の受入純資産額から増加資本金を控除した残額である合併差益（税務上は合併差益金という用語が用いられる）は

(ア) 合併減資益金からなる部分
(イ) 被合併会社の資本積立金からなる部分

---

5) 合併に際し、みなし配当が発生して被合併会社株主が課税される場合がある。
6) 本来被合併会社が負担すべきである清算所得に対する法人税等を合併会社が納付する場合、当該法人税等は合併交付金とみなして清算所得の計算が行われる（旧法基通19－2－4）。
7) 額面株式は2001年の商法改正で廃止された。

㈦　被合併会社の利益積立金からなる部分

　㈢　評価益からなる部分

の４つに区分され、その順序は㈢㈠㈡㈦であると規定されている（旧法令9①一、二）。このうち㈢だけが合併会社の課税所得として扱われる。㈠㈡は資本等取引によって生じたものであるという理由で、㈦は被合併会社において課税済みであるという理由で、課税所得から除外されている。

　清算所得への課税と合併差益のうち評価益からなる部分への課税は、どちらも評価益に対する課税であるが、その形態が異なる。前者は合併直前に被合併会社の含み益を実現させ、その実現後の資産額に応じて合併会社の株式が交付されている。後者は合併会社が資産を簿価で受け入れた後、含み益を実現させて資産の増価を行っている。なお被合併会社の資産を簿価で引き継いだ場合、課税所得は発生しない。

Ⅱ　改正前の影響

　本節では、合併においてトライアングル体制がもたらす影響を検討する。以下ではいくつかのケースを取り上げるが、各ケースに共通する事項を最初にまとめておく。
- 合併会社株式と被合併会社株式はともに額面株式で、額面は@50,000円である。
- 被合併会社株式の発行価額は@50,000円で、発行済株式数は1,000株である。
- 合併会社株式の公正価値は@300,000円である。
- 合併会社の増加資本金は@50,000円に交付株式数を乗じた額とする。
- 被合併会社からの受入純資産額のうち、資本金にならない額は合併差益とする。
- 特に表示がない場合の金額単位は百万円である。

1　資産の引継ぎ

　まず、合併の際に被合併会社の資産をいかなる金額で引き継ぐかについて検討する。

［ケース1］　被合併会社の貸借対照表が貸借対照表(1)であり、資産の時価は600、合併比率は1：1であるとする。

貸借対照表(1)

資　産	500	負　債	300
		資本金	50
		資本準備金	40
		利益準備金	10
		任意積立金	100

　ケース１の増加資本金は50である。このケースでは合併時に資産評価益を必ずしも計上する必要はない。合併仕訳は、被合併会社の資産を簿価で引き継ぐと仕訳１になる。また、評価益を計上して時価で引き継ぐと仕訳２になる。

　　仕訳１　　（資　産）　500　／（負　債）　　300
　　　　　　　　　　　　　　　　　（資本金）　　 50
　　　　　　　　　　　　　　　　　（合併差益）　150
　　仕訳２　　（資　産）　600　／（負　債）　　300
　　　　　　　　　　　　　　　　　（資本金）　　 50
　　　　　　　　　　　　　　　　　（合併差益）　250

　公正価値で評価した合併交付株式の金額は300百万円（＝＠300,000円×1,000株）であるので、合併会社は被合併会社からそれに見合うだけの純資産を受け入れているはずである。仕訳２はその点を明示した会計処理であるといえる。

　税務上の取扱いであるが、被合併会社が課税されるのは、被合併会社に清算所得が生じるときである。ケース１では仕訳１と仕訳２のいずれを選択しても

$50 - (50 + 40 + 10 + 100) = \triangle 150$

となり、清算所得は発生しない[8]。次に合併会社が課税される場合であるが、ケース1については企業が採用する会計処理方法により、合併会社に課税所得が生じることもあれば生じないこともある。仕訳2を選択した場合、合併差益250のうち評価益からなる部分として、合併会社に課税所得100が発生する。これに対し、仕訳1を選択した場合、合併差益150には評価益からなる部分は存在しないため、合併会社に課税所得は発生しない。合併課税の本質は評価益課税である。仕訳1のように被合併会社の資産を簿価で引き継いだ場合は、たとえそこに含み益が存在しても、合併会社と被合併会社のいずれにも課税所得は生じない。なお、仕訳3のように被合併会社の資産を帳簿価額500よりも小さい金額で引き継いだ場合、課税所得は発生しないが、帳簿価額500と受入価額400の差額100について、合併後に減価償却費や譲渡原価などのかたちで損金算入する機会が失われる。

仕訳3　（資　産）　400　／（負　債）　300
　　　　　　　　　　　　　　（資本金）　　50
　　　　　　　　　　　　　　（合併差益）　50

商法は被合併会社の資産について時価以下主義、つまり、時価以下ならいかなる金額で引き継いでもよいという考えを採用している。合併条

8）ケース1について合併比率を1：6に変更する。この場合は増加資本金が300で、資産評価益100を計上する必要がある。合併仕訳は
　　（資　産）　600　／（負　債）　300
　　　　　　　　　　　　（資本金）　300
となり、被合併会社に清算所得が100発生する。

件の決定の際には合併当事会社の資産の時価が当然考慮される。よって、株主・債権者が合併の可否・合併条件の当否などを判断するための資料として備置が義務づけられている合併貸借対照表においては、資産を評価替えすることが認められ、その延長線上で、合併会社が被合併会社の資産を引き継ぐ際にも資産の評価替えは可能であると解されている[9]。被合併会社の資産の時価が簿価を上回っている場合、評価益を計上するか否かは経営者の裁量にゆだねられる。この取扱いは、経済的実態の開示というよりも債権者保護という考えから出ているように思われる。このような商法会計の論理は、商法会計と証取法会計の実質的な一致により、そのまま証取法会計に受け継がれることになる。

　税法は商法の考え方を尊重し、被合併会社の資産は時価以下であればいかなる金額で引き継いでもよく（旧法令32①三など）、簿価で受け入れた場合は課税所得が発生しないものとしている[10]。時価を超えて受け入れた場合は時価で受け入れたものとして扱われる（法基通4-1-1）。

　合併は現実には大部分が非課税になっている。税法には一般に、含み益については何か変化が生じた場合、それを契機に含み益が顕在化したとして課税所得に組み入れるという思考が存在するが[11]、合併ではその考え方は採用されていない。合併税制は租税が合併の阻害要因になるのを避けることを意図したものと思われる。ただし、仕訳2のように評価益を計上して引継資産の価額を引き上げた場合は、評価益について課

9）大隅・今井（1991）134-138頁。
10）水野（1997）120頁。
11）例として、無償資産譲渡による益金算入がある。これについては第5章で取り上げる。

税が行われる。それは、合併後の減価償却費や譲渡原価の計算が増価後の金額にもとづいて行われるからである[12]。

そこには経済的実態の開示というよりも課税の論理、すなわち、合併を阻害する課税は原則として行わないが、課税技術上、評価益には課税するという思考が存在する。

米国の旧会計基準であるAPB 16号は、合併当事会社がお互いに独立しているなどの要件を定め、それらをすべて満たすものは持分プーリング法を、1つでも満たさないものがあればパーチェス法を適用するという、かなり厳格なものであった。また、米国の連邦税法では、以前から非課税の組織再編成の規定が存在する。そこでは、資産の譲渡益課税として構成されているが、持分の継続性がある限り企業結合によって実質的な所得が生じないという考えをとっている[13]。合併について「(会計上の) パーチェス法と (税務上の) 課税方式」「(会計上の) 持分プーリング法と (税務上の) 非課税方式」の間には、それぞれ考え方に共通点が認められるものの要件や処理は同一でないため、「パーチェス法と非課税方式」「持分プーリング法と課税方式」の組合せもありえた[14]。

一方、わが国の会計基準は持分プーリング法とパーチェス法のいずれを選択することも可能な柔軟なもので、経営者の会計選択の余地は大きくなっていた。ただ、商法会計上で評価益を計上すれば、清算所得または評価益からなる合併差益というかたちで課税所得が発生する。それゆ

---

12) 武田 (昌) (1999) 30頁。
13) 中田 (1989) 157頁。
14) 中田 (1983) 260頁。

え、特定の合併に対してパーチェス法を強制適用するような会計基準を設定することは、実際問題として不可能であった。被合併会社の含み益に対して強制的に課税するような税制が設けられるならば、それは合併に対する重大な阻害要因となる。評価益課税を前提とするならば、経営者のフリーハンドが大きい合併会計基準が存在するのも必然的であるといえる。トライアングル体制は図3-1のように示すことができる。トライアングル体制が合併時の資産の引継ぎに及ぼす影響を図示すると図3-2のようになる。

　以上は会計基準の設定という公的レベルの議論であるが、個別企業の会計選択という私的レベルにおいても税法規定の影響が存在する。合併については、緩やかな会計基準のもとで企業の会計選択の余地は大きいが、企業には課税所得の発生を回避するインセンティブが働くため、特別な事情がない限り、被合併会社の資産を帳簿価額を超える金額で引き継ぐことはない。また、被合併会社の帳簿価額を下回る金額で引き継ぐと合併後の損金算入額を減少させることになるので、通常はそのような会計処理をすることはない。企業は税務上の理由により、被合併会社の資産を帳簿価額で引き継ぐケースが多くなるのである。

2　資本項目の引継ぎ

　第1章Ⅱ-2で述べたように、わが国の配当規制は貸借対照表上の留保利益の存在を前提としており、企業の純資産であっても、それが資本金あるいは法定準備金であると配当不可能になる。よって、被合併会社の留保利益を配当財源として維持するためには、それを資本準備金とし

図3-1

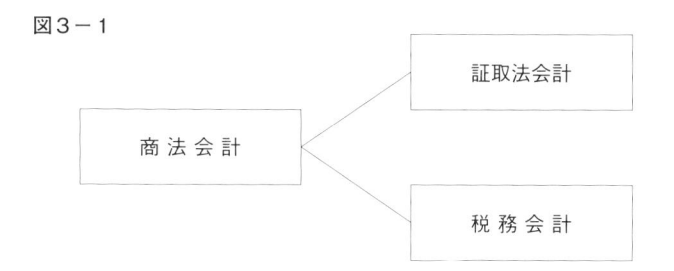

```
                    ┌─────────────┐
                    │  証取法会計  │
┌─────────────┐    └─────────────┘
│  商 法 会 計 │───┤
└─────────────┘    ┌─────────────┐
                    │  税 務 会 計 │
                    └─────────────┘
```

図3-2

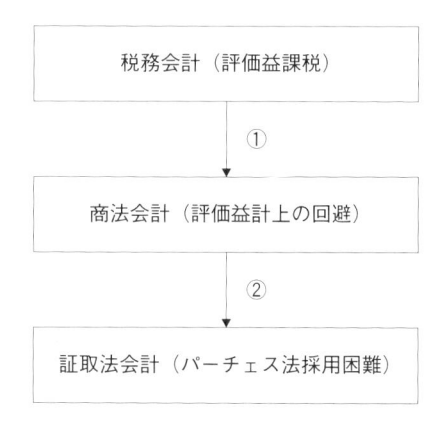

```
┌─────────────────────────────┐
│  税務会計（評価益課税）      │
└─────────────────────────────┘
              │ ①
              ▼
┌─────────────────────────────┐
│  商法会計（評価益計上の回避）│
└─────────────────────────────┘
              │ ②
              ▼
┌─────────────────────────────┐
│ 証取法会計（パーチェス法採用困難）│
└─────────────────────────────┘
```

てではなく、留保利益のまま引き継ぐ必要がある。そして商法でも留保利益の引継ぎは可能とされている。したがって、会社の配当政策により、被合併会社の留保利益を配当財源に充当しようとする場合は、合併差益相当額をすべて資本準備金にするパーチェス法の採用は当該会社にとって好ましいものではなく、被合併会社の留保利益を承継する余地を残す必要がある。これらの関係を図示すると図3-3のようになる。

図3-3

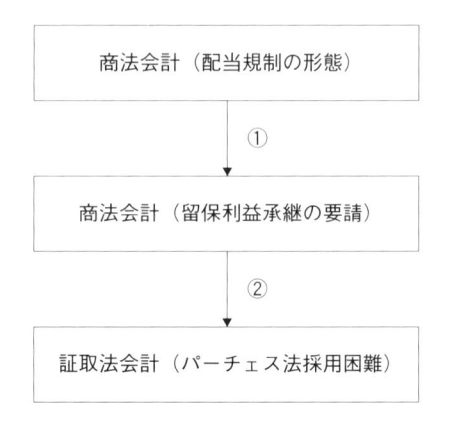

```
┌─────────────────────────────┐
│  商法会計（配当規制の形態）  │
└─────────────────────────────┘
              │①
              ▼
┌─────────────────────────────┐
│ 商法会計（留保利益承継の要請）│
└─────────────────────────────┘
              │②
              ▼
┌──────────────────────────────┐
│証取法会計（パーチェス法採用困難）│
└──────────────────────────────┘
```

　商法上、合併差益は原則として合併会社の資本準備金になるが、被合併会社の利益準備金と留保利益相当額は、資本準備金に組み入れなくてもよい。合併差益がすべて合併会社の資本準備金になってしまうと、被合併会社に積み立てられていた利益準備金や留保利益が合併によって消滅する結果、合併後改めて利益準備金を積み立てる必要があり、また配当可能利益が減少するといった不便が生じるため、例外規定が設けられたのである[15]。

3　営業権（のれん）の計上

　次に、営業権（のれん）について検討する。
［ケース2］　ケース1について、資産の時価だけを500に変更する。
　ケース2では被合併会社の資産に含み益は存在しない。増加資本金は

---

15) 河本（1991）493頁。

50であり、営業権を必ずしも計上する必要はない。合併仕訳は営業権を計上しなければ仕訳4になる。あるいは、営業権を計上する仕訳5という会計処理も可能である。

仕訳4	（資　産）	500	（負　債）	300
			（資本金）	50
			（合併差益）	150
仕訳5	（資　産）	500	（負　債）	300
	（営業権）	100	（資本金）	50
			（合併差益）	250

　仕訳5は公正価値ベースで評価した合併交付株式の金額が300であることを重視した会計処理である。被合併会社からは合併対価300に見合うだけの純資産の受入れがあるはずだが、被合併会社の資産を時価で評価した場合の純資産は200であるので、差額100については個別資産として識別できない価値としての営業権を計上しているのである。

　税務上、合併時に営業権を計上することは、後述するように、一定の条件のもとで可能である。ケース2は会計処理方法によって課税関係が変わる。仕訳4では合併差益150に評価益からなる部分が存在しないため、合併会社に課税所得は生じない。それに対し、仕訳5では合併差益250のうち評価益からなる部分として、合併会社に課税所得100が発生する。合併時に営業権を新たに計上することは、一種の評価益を計上することであり、その部分について評価益課税が行われるのである。なお、仕訳5では営業権を償却することにより、合併後に100だけ損金算入される。

債権者保護を重視する商法は営業権の計上に積極的であるとはいえない。商法は合併時に営業権を新たに計上することを認めてはいるが、計上を強制しているわけではない。税法は営業権の計上を強制していないが、それは商法規定を尊重したものであるといえる。なお、商法は営業権を5年「以内」に償却しなければならないとしているため、それをうけて、1998年度改正前の税法は随意償却法（取得価額から既償却額を控除した未償却残高を償却限度額とする方法）を認めていた。

　さて、税法は被合併会社の繰越欠損金の合併会社への引継ぎを認めていなかった（旧法基通4-2-18）。これは繰越欠損金を有する会社の買収という租税回避行為を防止するための規定である。ここで被合併会社の繰越欠損金を営業権として計上し、それを一括償却すると、繰越欠損金の引継ぎと同じ効果が得られる。そこで、受入資産に含み益が存在する場合は当該資産について評価益を計上し、営業権はその額だけ減額される。受入資産に含み益が存在しない場合は、営業権は相当と認められる額を限度として、計上が認められる（旧法基通4-2-8）。税務上の営業権は、「企業全体の価値（＝合併対価）」と「個々の資産の時価合計」の単なる差額概念ではない。それ自体に価値が認められるものに限られ、実体のない営業権を計上した場合、引継資産に含み益が存在すれば評価益を計上したものとして取り扱われ、課税所得が発生することになる。これらの点から、営業権は商法会計上も計上しにくくなり、結果として、パーチェス法の採用が困難になる。これらの関係を図示すると図3-4のようになる。営業権については、商法会計・税務会計・証取法会計が複雑に絡み合い、「トライアングル体制の極致」とでもいうような状況

図3-4

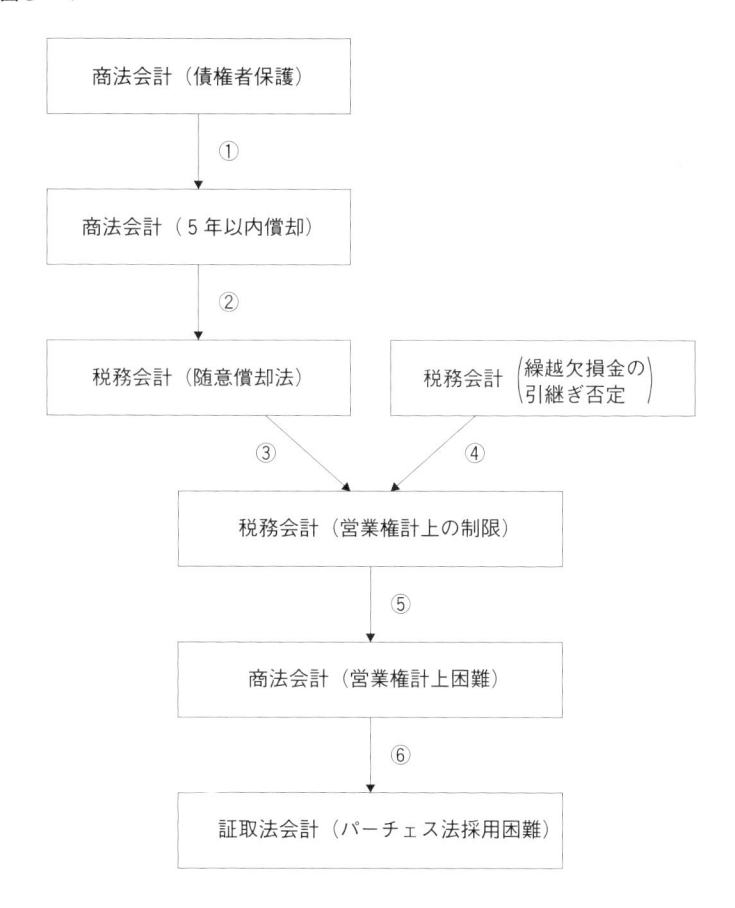

```
┌─────────────────────────┐
│  商法会計（債権者保護）    │
└─────────────────────────┘
            │ ①
            ▼
┌─────────────────────────┐
│ 商法会計（5年以内償却）   │
└─────────────────────────┘
            │ ②
            ▼
┌─────────────────────┐   ┌─────────────────────────┐
│ 税務会計（随意償却法）│   │ 税務会計（繰越欠損金の   │
│                     │   │         引継ぎ否定）     │
└─────────────────────┘   └─────────────────────────┘
            │ ③              │ ④
            ▼                ▼
       ┌─────────────────────────────┐
       │ 税務会計（営業権計上の制限） │
       └─────────────────────────────┘
                    │ ⑤
                    ▼
       ┌─────────────────────────────┐
       │ 商法会計（営業権計上困難）   │
       └─────────────────────────────┘
                    │ ⑥
                    ▼
       ┌─────────────────────────────────┐
       │ 証取法会計（パーチェス法採用困難）│
       └─────────────────────────────────┘
```

になっている。

　米国の書物では古くから、企業結合会計のパーチェス法の説明箇所で、仕訳5のように営業権と合併差益を同時に計上する例が示されてい

る[16]。しかしわが国では、合併時に営業権と合併差益が同時に計上されるような例はあまりみられない。被合併会社からの受入純資産額が増加資本金を超える場合には差額を合併差益として処理し、逆に受入純資産額が増加資本金より小さい場合には差額を営業権として計上するという理解が一般的であった。わが国では、営業権は計上せざるをえない場合にのみ計上するという状況になっていた。

評価益課税という税法規定のもとでは、営業権を新たに計上すると課税所得が発生するため[17]、営業権の計上を強制するような会計基準の設定は実際問題として不可能である。したがって、わが国では営業権を計上するか否かを企業が決定できるという、裁量の余地が大きい会計基準が採用されてきた。また、個別企業の会計選択というレベルでみた場合は、ゆるやかな会計基準のもとで、企業は課税所得の発生を回避するために、特別な事情がない限り営業権を計上しないという選択を行う。

なお、税率の引下げと課税ベースの拡大を意図した1998年度税制改正において、営業権の償却方法は随意償却法から5年定額償却に改められた。よって、図3-4の②の連鎖は切断されている。

---

16) 例として Meigs *et al.* (1979) p 193-194.
17) ケース1について資産の時価を500に、合併比率を1：6に変更する。増加資本金は300であるが、資産に含み益がないため営業権を計上することになり、合併仕訳は
（資　産）　500　／　（負　債）　300
（営業権）　100　／　（資本金）　300
になる。この場合は被合併会社に清算所得が100発生する。

4　被合併会社の欠損金

ここでは、被合併会社が欠損金を有する場合について考える。

[ケース３]　被合併会社の貸借対照表が貸借対照表(2)であり、資産の時価は600、合併比率は１：１であるとする。また、欠損金100は税務上の繰越欠損金に該当するものとする。

貸借対照表(2)

資　産	500	負　債	550
		資本金	50
		欠損金	△100

ケース３について、被合併会社の資産を簿価で引き継ぐと仕訳６になる。しかし、仕訳６の会計処理は商法上認められない。そこで仕訳７のように、評価益100を計上して欠損金100を補填したうえで合併が行われることになる。

仕訳６　（資　産）500　／（負　債）550
　　　　（欠損金）100　／（資本金）50

仕訳７　（資　産）600　／（負　債）550
　　　　　　　　　　　／（資本金）50

税務計算については、仕訳７の会計処理を行った場合

　　50 −(50 − 100)= 100

という計算により、被合併会社に清算所得100が発生する。しかし、この清算所得100は被合併会社の税務上の繰越欠損金100と相殺され、結

果として被合併会社が課税されることはない[18]。

Ⅱ-1でみたように、合併に際して通常は被合併会社の資産評価益を計上しないが、被合併会社が欠損金を有する場合には評価益を計上することがある。資産評価益を計上する直接的な理由は商法によるものである。商法は資本充実の原則により、債務超過会社を吸収合併することを認めていない。しかし、債務超過会社に含み益が存在し実質的に債務超過でない場合は、含み益を実現させて債務超過を解消したかたちにすれば、当該会社を吸収合併することができる。評価益計上による債務超過解消を行うと、資産を簿価で引き継ぐ持分プーリング法の採用が不可能になる。これらの関係を図示すると図3-5のようになる。

評価益を計上しても清算所得が税務上の繰越欠損金と相殺され、結果的に課税されないという税務上の取扱いは、会計上で評価益を計上することをサポートしているといえる。ケース3はいわゆる救済型合併であり、わが国ではよくみられる形態である。もし、この場合の評価益について課税所得が発生するならば、税制自体が合併の阻害要因になり、このような合併は実行されるケースが限定されるであろう。

ここで、別のケースを考える。

［ケース4］　ケース3について、資産の時価だけを500に変更する。

ケース4は被合併会社は欠損金を有しているが、資産に含み益がない場合である。仕訳8は商法上認められない。仕訳9のように欠損金を営業権として計上すると、債務超過状態は解消されている。

---

[18] この点について明文規定はないが、清算所得は発生しないと解されている。武田(昌)(1999) 161-162頁。

図3-5

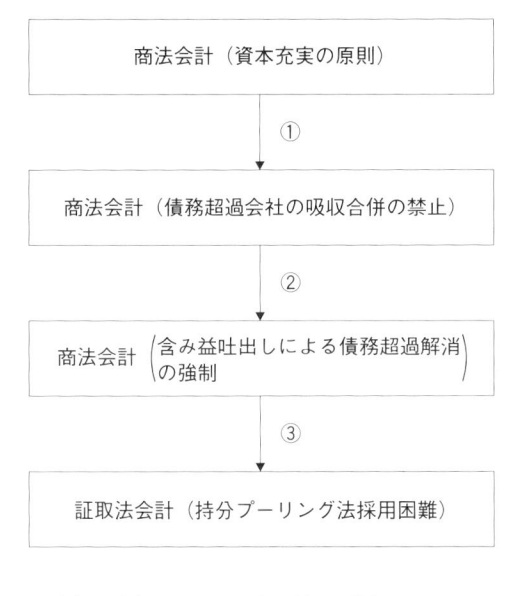

```
┌─────────────────────────────┐
│  商法会計（資本充実の原則）  │
└─────────────────────────────┘
              │①
              ▼
┌─────────────────────────────────┐
│ 商法会計（債務超過会社の吸収合併の禁止）│
└─────────────────────────────────┘
              │②
              ▼
┌─────────────────────────────────────┐
│ 商法会計（含み益吐出しによる債務超過解消│
│         の強制）                     │
└─────────────────────────────────────┘
              │③
              ▼
┌─────────────────────────────────┐
│ 証取法会計（持分プーリング法採用困難） │
└─────────────────────────────────┘
```

仕訳8　（資　産）　500　／　（負　債）　550
　　　　（欠損金）　100　　　（資本金）　 50

仕訳9　（資　産）　500　／　（負　債）　550
　　　　（営業権）　100　　　（資本金）　 50

　このように、被合併会社が欠損金を有し、被合併会社の資産に含み益が存在しない場合には、債務超過状態を解消して商法上の問題をクリアするために、欠損金を営業権として計上するというインセンティブが合併会社に働く。ただし税務上、仕訳9の処理は常に認められるとは限らない。Ⅱ-3でみたように、税法は会計とは異なる論理により、営業権の計上を制限しているからである。

III 改正後の制度

1 会計基準

(1) 基準整備の必要性

 合併時の会計処理方法が異なると、合併会社のその後の貸借対照表や損益計算書は大きく変わる。わが国では合併会計基準が未整備であったが、このことは経営者の会計操作の温床ともなっていた。その典型例として救済型合併をあげることができる。わが国の合併は、同一の企業グループに属する企業どうしが結合するという、組織再編的なものが多い。特に、バブル崩壊後はリストラの一環として、この種の合併が増加した[19]。これらの合併のなかには、被合併会社の資産を再評価して評価益を計上し、それをもって合併会社（あるいは被合併会社）が有する欠損金を補填することを主たる目的とするものがある。企業グループ内のある企業が欠損金を有する一方、別の企業（あるいは欠損金を有する企業自体）が含み益を有する場合に、あたかも砂場のでこぼこをならすように、企業グループの内部で含み益と欠損金を相殺するのである。

 合併は複数の会社が法律上も結合することであるので、合併というかたちをとる「含み益の吐出し」は、会計処理のみではなく実体がともなっている。よって、形式的には会計数値の「操作」とはいえない。しかし、合併のなかには「含み益の吐出し」だけが目的のものもある。そ

---

19) 日本経済新聞1996年5月31日。

して、その含み益も全額ではなく会社の都合、すなわち現存する欠損金相当額だけを自由に実現させうるという事実がある。

ここで一例をあげてみるが、被合併会社に土地の含み益が300、合併会社（あるいは被合併会社）に欠損金が100あるような場合に、合併という手段を用いて被合併会社の含み益を100だけ実現させ、それをもって欠損金を補填して作成される合併後の貸借対照表と損益計算書、またそれらにもとづく次期以降の財務諸表にはたしてどれほどの意味があるのか。また、そのような合併後の貸借対照表に記載されている土地の価額はいかなるものであるのか。それは取得原価でもないし時価でもない。単に会社の欠損を解消できるように逆算によって算出された金額であるにすぎず、それ自体なんの意味ももたない金額である。

合併時の会計処理方法の相違は収益や費用の認識を1期間ずらすといったものではなく、かなり永続的に会計数値に影響を及ぼす。また、合併はそれほど頻繁に起こるものではないが、一度起こるとその金額的な重要性は、通常の取引行為とは比較にならないほど大きくなることが多い。それゆえ、合併の会計基準について空白状態は望ましくなく、基準を整備し経営者の恣意性の介入を制限すべきである[20]。

ところで、会計の目的として、米国では投資意思決定情報の提供が、わが国では処分可能利益の計算が重視され、目的の相違が合併会計の異なった構造を生み出してきた。ただし、この状況も変化してきている。会計の国際化、直接金融の比率の高まりなどによって、わが国でも

---

20) 厳格な合併会計基準を導入すると、会計数値が変化するだけでなく、合併行為自体にも影響を及ぼし、企業合併は減少する可能性がある。

投資意思決定情報の提供という目的のウエイトが高まってきた。それゆえ、以前に比べて経済的実態の開示が重視されるようになってきている。また、経済活動のボーダーレス化が進み、会計基準の国際的調和の必要性が高まっている。だが、各国の会計諸法令の相互関連性（わが国ではトライアングル体制）が、その作業の障害の1つになっている[21]。商法や税法はその国固有の制度であり、国によってそれらが異なるのには理由がある。ただ、会計基準の国際的調和という観点からすると、商法・税法による会計基準の拘束は問題視されることになる。

以上のことから、合併については
① 会計基準の整備（経営者の裁量の抑制）
② トライアングル体制の緩和（証取法会計の商法・税法からの解放）
という2点が重要である。

(2) 「企業結合に係る会計基準」の概要

2003年に企業会計審議会から「企業結合に係る会計基準」（以下「新会計基準」という）が公表された。企業結合とは、ある企業またはある企業を構成する事業と他の企業または他の企業を構成する事業とが1つの報告単位に統合されることとされているが、ここでは合併に限定する。

取得とは、ある企業が他の企業に対する支配（ある企業の活動から便益を享受するために、その企業の財務および経営方針を左右する能力を有していること）を獲得して1つの報告単位になることである。それに対し、持分の結合

---

21) EU域内の上場企業は2005年から、連結財務諸表については国際財務報告基準の適用が義務づけられている。連結財務諸表に限定した理由の1つとして、個別財務諸表は各国の法律の影響を強く受けることがある。

とは、いずれの企業の株主も他の企業を支配したとは認められず、合併後企業のリスクや便益を引き続き相互に共有するため、それぞれの事業のすべてを統合して1つの報告単位となることである。「新会計基準」は合併をその経済的実態に応じて、取得と持分の結合に分類するための判定基準を設けている。その基準とは、次の①～③をすべて満たすものは持分の結合、それ以外は取得と判定するというものである。
① 合併に際して支払われた対価のすべてが議決権のある株式である
② 合併後企業に対して各合併当事企業の株主が有する議決権比率が等しい
③ 議決権比率以外の支配関係を示す一定の事実が存在しない

そして、取得にはパーチェス法を、持分の結合には持分プーリング法を適用する。2つの会計処理の概略はⅠ-1で示した。ただ、「新会計基準」と現在の米国基準であるSFAS141号（および142号）とは完全には一致していない。主な相違点であるが、第1に、米国基準では持分プーリング法が排除されてパーチェス法に一本化されたのに対し、わが国では限定的ではあるが持分プーリング法を容認している。第2に、米国基準ではのれんを償却せず減損処理を適用するのに対し、わが国ではのれんを20年以内で均等償却する（一括償却は原則として認められない）。

なお「新会計基準」は、親子会社の合併および子会社どうしの合併については、「共通支配下の取引」とし特別な規定を設け、持分プーリング法に準じた会計処理の適用を求めている。

2　税法規定

Ⅰ-2で述べたように、以前の税制では、被合併会社からの引継資産について評価益を計上した場合に課税が行われた。2001年度税制改正で組織再編税制が導入された。それには合併・分割・現物出資・事後設立が含まれるが、ここでは検討対象を合併に限定する。なお、「合併の場合の清算所得課税」「合併差益金課税」はともに廃止された。

現在の税制では、合併が行われた場合、被合併会社は合併会社に資産および負債を時価で譲渡したものとし、譲渡損益は被合併会社の最後事業年度の所得の金額の計算上、益金または損金の額に算入される（法法62)[22]。ただし、支配の継続が認められ、適格合併と判定された場合、資産および負債を帳簿価額で引き継いだものとし、譲渡益課税は繰り延べられる（法法62の2）。

合併を適格合併と非適格合併に分類する要件は次のとおりである（法法2¹²の八）。

① 被合併会社株主に合併会社株式以外の資産が交付されない。
② 被合併会社の従業者の80％以上が合併会社の業務に従事する。
③ 被合併会社の主要な事業が合併会社で引き続き営まれる。

---

[22] 被合併会社は、合併会社から新株等を時価で取得し、ただちに被合併会社株主に交付したものとする（法法62）。合併会社株式は被合併会社株主に交付され、被合併会社は対価を受け取らないので、移転資産の譲渡損益を計上することができないのではないかという疑問が生じ、このような法的手当てがとられた。武田(隆)（平成16年度版）1060頁。

④　被合併会社の主要な事業のうちのいずれかと合併会社の事業のうちのいずれかが、相互に関連する。

⑤　被合併会社と合併会社の事業の売上金額・従業者数、被合併会社と合併会社の資本金などの規模格差が5倍を超えない。あるいは、被合併会社と合併会社の常務クラス以上の役員がともに、合併後に合併会社の常務クラス以上の役員になる。

⑥　合併時に交付される合併会社株式の全部を継続して保有することが見込まれる被合併会社株主が有する被合併会社株式の数が、被合併会社の発行済株式の80％以上である。

　企業グループ内の合併が適格と判定されるためには、合併会社と被合併会社が100％の出資関係にある場合は①だけ満たせばよいが、50％超で100％未満の出資関係にある場合は①～③を満たす必要がある。企業グループ内でなくても、合併会社と被合併会社とが共同で事業を営むための合併であれば適格と判定されることがあるが、それには①～⑥を満たす必要がある（被合併会社の株主数が50人以上の場合、⑥は不要である）。

　合併が適格と判定された場合、譲渡損益は繰り延べられる。そして、合併会社は被合併会社の資産を簿価で引き継ぐ。時価で引き継ぐことは認められない。なお、税務上、合併会社は被合併会社の利益積立金を引き継ぐ。

　一方、合併が非適格と判定された場合、譲渡益が発生し、被合併会社の最後事業年度の所得として課税される。そして、合併会社は被合併会社の資産を時価で引き継ぐ。なお、税務上、合併会社は被合併会社の利益積立金を引き継ぐことはできない。

Ⅳ　改正後の影響

Ⅲでみたように、合併にかかる会計基準および税法規定は大幅に改正された。その結果、合併においてトライアングル体制がもたらす影響は以前と大きく異なる。

1　資産の引継ぎ

わが国の税法では、一般に評価益は益金不算入と規定されている（法25）が、合併時に限り評価益が益金に算入されてきた。武田昌輔教授は「これに課税するかしないかは、租税政策によるものであると思う。それも、やや技術的なものであると思われる。つまり、これにいま課税する場合と、今は課税しないでおいて将来それが減価償却又は譲渡される場合に課税するのとでは、課税の仕組みからみていずれの方がメリットが大きいかの問題であるように思われる。…実務面を考慮すれば、現行方式によることも、企業会計と税法との一致という面からは支持しうるように思われる。…税制としては、この２つの方式が考えられるところであって、現行方式のみが正当であるわけではない」と述べられている[23]。武田昌輔教授は実務の便宜性を重視されており、合併時の評価益課税が理論的に根拠づけられたものではないと指摘されている。税務による会計の拘束を問題にするならば、会計と税務の一致はメリットよりもデメリットのほうが大きくなる。

---

23) 武田(昌)（1982）7頁。

合併について、以前は、税法規定が会計処理に影響を及ぼすという逆基準性が、極端なかたちで現れていた。そこでの課題の中心は、合併会計を税務から解放することであった。

　合併取引に課税するかどうかは租税政策の問題である。米国では、一定の条件を満たした組織再編成（合併を含む）は非課税とされているが、その根拠は、持分の継続性を基本的に変えない事業調整について、租税の妨げを最小にするためとされている[24]。

　わが国でも以前から評価益を計上しない合併については非課税とされており、実際にも合併取引の大半が非課税であった事実を考えると、米国の非課税の根拠がわが国にも基本的にあてはまると思われる。

　以前の制度では会計と税務が実質的に一致していたが
- 合併時の課税の是非という税務上の判断
- 評価益計上の是非という会計上の判断

という2つの判断を分離すると、合併時における会計の税務からの解放が、かなりの程度、可能になる。

　会計上は被合併会社の資産を、持分プーリング法では帳簿価額、パーチェス法では時価で引き継ぐ。また税務上は、適格合併では帳簿価額、非適格合併では時価で引き継ぐ。

　改正後の制度では、合併は経済的実態にもとづいて、会計上は持分プーリング法を適用するケースとパーチェス法を適用するケースに、また、税務上は適格合併と非適格合併に分類される。

　ここで「持分プーリング法と適格合併」「パーチェス法と非適格合併」

---

24) 中田（1989）155頁。

を適用する基準が同じであれば、以前のように会計上で評価益を計上すれば課税されるわけではないにせよ、会計と税務の結びつきは強い。

　しかし、改正後の会計と税務の分類基準は、考え方に共通点がみられるものの、同一ではない。持分プーリング法とパーチェス法の判定、適格合併と非適格合併の判定はそれぞれ、独立的に行われる。なかでも、パーチェス法と適格合併の組合せ、すなわち、会計上で計上した評価益を益金不算入にすることが可能になった点は重要である。その結果、資産の引継ぎに関して申告調整を必要とするケースが出てくる。

　以前と比較すると、現在は図3-2の①の連鎖が切断されているといえる。

2　資本項目の引継ぎ

　わが国の証取法会計と商法会計は基本的に一致しており、その一致した「会計」は配当規制のあり方ゆえに、商法会計の強い影響下にあった。ただし、商法会計については、第1章Ⅲ-2およびⅣ-1で述べたように、利益配当と資本の払戻しが「剰余金の分配」という概念に一元化されたため、会計上の留保利益と配当可能限度額の関係が薄まった。よって、商法会計と証取法会計の財務諸表が実質的に一致している従来の関係は変わっていないが、商法会計の証取法会計への影響は弱まった。被合併会社の留保利益をそのままのかたちで引き継ぐ必要性は低下し、パーチェス法の採用が容易になった。この点を図3-3に即していうと、現在は①の影響が低下したといえる。

　さて、被合併会社の資本項目について、会計上は持分プーリング法で

は被合併会社の科目のままで、パーチェス法では資本金および資本準備金として引き継ぐ。一方、税務上は適格合併では利益積立金を引き継ぐ必要があるが、非適格合併では利益積立金を引き継ぐことはできない。前述したように、会計と税務では判定基準が異なるので、「会計上は持分プーリング法を適用するが、税務上は非適格である」「会計上はパーチェス法を適用するが、税務上は適格である」ということが起こりうる。その場合には申告調整が必要となるが、それを仕訳形式で示すと

　　　　（利益積立金）×××　／　（資本積立金）×××
あるいは

　　　　（資本積立金）×××　／　（利益積立金）×××
というものが含まれることがある。税務上の資本積立金は借方と貸方が不一致となる場合に、一致させるための調整勘定としての性格を有している[25]。企業会計原則は「資本取引と損益取引とを明瞭に区別し、特に資本剰余金と利益剰余金とを混同してはならない」と規定しているが（一般原則3）、税務上の資本と利益の区分は、企業会計の考え方から少し離れている。

3　営業権（のれん）の計上

　会計上、持分プーリング法では合併時にのれんを新たに計上することはないが、パーチェス法ではのれんの計上が強制されることがある。一方、税務上は、適格合併では合併時に新たに営業権を計上することはないが、非適格合併では営業権が新たに計上されることもありうる。現在

---

25)　中野（2004）75頁。

の合併税制は「譲渡益課税」である。相当と認められる額であれば税務上も営業権を計上することは可能であるが、その場合、被合併会社の最後事業年度に譲渡益が発生する。ただ、会計と税務では判定基準が異なるので、パーチェス法が適用され、のれんが計上される場合でも、それがただちに譲渡益課税につながるわけではない。

4 被合併会社の欠損金

商法上、以前は債務超過会社を吸収合併することは認められなかった。合併差損を容認することは資本充実の原則との関係から不可能であった。ここで、形式的には債務超過であるが、含み益があって実質的には債務超過でない会社を吸収合併するケースを考えてみる。資産の引継ぎについて時価以下主義を採用していた以前の会計規定のもとでは、評価益を計上して債務超過を解消することによって、合併は可能となった。しかし、「新会計基準」のもとでは、持分の結合と判定された合併には持分プーリング法が適用される。持分プーリング法が適用されると、被合併会社の資産について簿価引継ぎが強制され、被合併会社の欠損金はそのまま引き継がれる。よって、含み益の吐出しによる債務超過の解消は不可能である。そこで会社法は、取締役に株主総会での説明義務を課すなどの条件を付けたうえで（会795②）、合併差損が生じる合併を認めることにした。図3-5に即していうと、①の連鎖が切断されている。ただし、時価ベースで実質的に債務超過の会社を吸収合併できるかどうかについては解釈論が残されている[26]。

26）江頭・中島（2004）22頁。

なお、税務上、以前は被合併会社の繰越欠損金の引継ぎは認められていなかった。しかし、現在は適格合併に限り、被合併会社の繰越欠損金が合併会社に引き継がれる（法法57②）[27]。したがって、適格合併では図３-４の④の連鎖が切断されている。

---

27) 繰越欠損金あるいは含み損を用いた租税回避を防止するため、適格合併であっても共同で事業を営むものでない場合、被合併会社および合併会社の繰越欠損金の利用を制限し（法法57③⑤）、特定資産の譲渡等損失について損金不算入としている（法法62の７）。さらに、組織再編成にかかる行為・計算の否認規定を設けている（法法132の２）。

V まとめ

　合併においてはトライアングル体制の影響が強く現れる。ⅠとⅡで、改正前の制度について検討した。証取法会計・商法会計・税務会計はそれぞれ、他の会計制度を所与としたならば、それなりに合理的なものであり、一種の均衡状態であったといえる。均衡状態において、1つの会計制度だけを変更すると整合性は失われる。ある状況が唯一の均衡というわけではないが、別の均衡点を求めるには、複数の会計制度をあわせて変更する必要がある。証取法会計において、特定の合併にパーチェス法を強制適用するような会計基準を設定する際には、税務会計における評価益課税ならびに商法会計における配当規制を変更する必要がある。

　トライアングル体制を緩和すると、証取法会計が税法・商法から受ける拘束の度合いは小さくなり、会計基準の設定に関する自由度は飛躍的に高まる。合併会計についていえば、受入資産の評価益を計上すべきかどうかを課税所得の計算から切り離して議論することができ、また、被合併会社の留保利益をいかなるかたちで引き継ぐのかということを配当限度額の計算とは別個に検討できる。

　合併会計については、意思決定有用性を高めるという観点からは、開示の拡充という方法も考えられたが、現実にはトライアングル体制の緩和という方法が採用された。税法および商法が改正され、「新会計基準」が導入されたのである。これらのことにより、申告調整を行うケースが生じることになった。会計の税務からの解放という点では徹底した

ものである。これは現行の法人税課税システムである確定決算基準からの一部離脱を意味する。圧縮記帳でも申告調整方式は認められていないが[28]、合併では採用されており、抜本的な改正であるといえよう。

---

28) 圧縮記帳で採用されているのは直接減額方式・引当金方式・利益処分方式の3つである。

【参考文献】

Meigs, W. B., Mosich, A, N and Larsen, E. *Modern Advanced Accounting (second edition)*, McGraw-Hill, 1979.

青木昌彦・奥野正寛編著『経済システムの比較制度分析』東京大学出版会、1996年。

荒川邦寿編著『会社合併・分割の会計』中央経済社、1983年。

伊藤邦雄「アメリカ株式会社会計制度の史的構造(3)」『一橋大学研究年報　商学研究』25、1984年。

上柳克郎・鴻常夫・竹内昭夫編『新版注釈会社法(8)(9)(13)』有斐閣、1987、1988、1990年。

江頭憲治郎・中島祐二「会社法制の現代化に関する要綱案（案）をめぐって（その2）」『JICPAジャーナル』16巻12号、2004年。

大隅健一郎・今井宏『会社法論』下巻Ⅱ、有斐閣、1991年。

金子宏『租税法（第3版、第10版）』弘文堂、1990、2005年。

河本一郎『現代会社法（新訂第5版）』商事法務研究会、1991年。

神田秀樹「企業買収課税の基本構造」『産業経理』47巻1号、1987年。

黒川行治「合併会計」（伊藤邦雄・醍醐聰・田中建二編『事例研究　現代の企業決算』中央経済社、1991年所収）。

黒川行治「合併会計」（伊藤邦雄・醍醐聰・田中建二編『事例研究　現代の企業決算'92』中央経済社、1992年所収）。

近藤光男・志谷匡史『改正株式会社法Ⅳ』弘文堂、2005年。

斎藤静樹「子会社合併における純資産の承継」『会計』139巻4号、1991年。

醍醐聰『日本の企業会計』東京大学出版会、1990年。

高木文夫監修『会社の合併・分割・清算・更生（平成3年4月改訂）』清文社、1991年。

武田昌輔『合併・分割の税務』ぎょうせい、1982年。

武田昌輔『会社合併の税務（新版）』税務経理協会、1999年。

武田隆二『法人税法精説』森山書店、毎年発行。

中央青山監査法人編『アメリカの会計原則』東洋経済新報社、毎年発行。

富岡幸雄『税務会計学（第5版）』森山書店、1985年。

中田信正「企業結合・結合企業の会計と税務」『産業経理』42巻5号、1982年。

中田信正「アメリカにおける企業結合の会計と税務の関係」『桃山学院大学経済経営論集』25巻2・3号、1983年。

中田信正『アメリカ税務会計論』中央経済社、1989年。

中田信正「合併差損益:合併税務計算の体系的検討」『税務会計研究』4号、1993年。

中野百々造『合併・分割の税務（2訂版）』税務経理協会、2004年。

中村忠『新版財務会計論』白桃書房、1997年。

中村利雄『法人税の課税所得計算（改訂版）』ぎょうせい、1990年。

成道秀雄編著『税務会計論（第3版）』中央経済社、2004年。

水野忠恒「企業の合併・分割と税制」『ジュリスト』1104号、1997年。

水野忠恒『租税法（第2版）』有斐閣、2005年。

山田淳一郎監修『企業組織再編の会計と税務』税務経理協会、2004年。

吉牟田勲「合併・減資の税務の研究(I)〜(IX)」『商事法務』1217、1224、1227、1230、1232、1241、1244、1247、1251号、1990-1991年。

第4章──不良債権処理をめぐる会計と税務

● はじめに

　わが国の金融機関は多額の不良債権をかかえ、そのことが社会的な問題となってきた。バブル期に地価・株価が暴騰し、金融機関は土地や株式を担保とする過大な貸付けを実施したが、バブル崩壊により地価・株価が暴落して、延滞債権や未収利息不計上債権などの不良債権が発生したのである。わが国の金融機関に対する国際的な信用は低下し、その回復には不良債権処理が不可欠であると指摘されてきた。

　本章の目的は、わが国の会計・税制と不良債権処理の関係について考察することである。考察にあたり、以下の点を意識する。

- 一般企業には「商法会計」「証取法会計」「税務会計」の3つの会計制度が存在するが、金融機関はさらに「監督目的会計」が加わる。4つの会計制度は絡み合っており、これらの相互関連性を重視する。
- 税効果会計の導入が不良債権処理に及ぼす影響を重視する。

- 「会計数値の硬度」と「会計数値の利用方法」の関係という視点を取り入れる。

　本章の構成は次のとおりである。Ⅰではわが国の会計制度の特徴を「会計制度間の相互関連性」という観点から明らかにする。Ⅱでは不良債権に関する会計および税制の概要を示す。Ⅲでは「会計制度間の相互関連性」が不良債権処理とどのようにかかわっているのかを検討し、会計・税制の今後の方向性を示す。

I 会計制度間の相互関連性

　本節では不良債権処理から離れて、わが国における一般企業ならびに金融機関の会計制度の特徴を「会計制度の相互関連性」の観点から明らかにする。トライアングル体制については第 1 章で取り上げたが、ここでもう一度整理しておく。

1 以前のトライアングル体制

(1) 商法会計・証取法会計・税務会計

　わが国の一般企業については、以下の会計制度が存在する。
［商法会計］　株主有限責任のもと、商法は株主・債権者・経営者の利害調整、なかでも債権者保護を重視する。これをうけ商法会計は、配当可能利益の算定ならびに経営者の受託責任の遂行状況を明らかにすることを目的とする。
［証取法会計］　証券取引法は投資家保護ならびに資本市場を有効に機能させることを重視する。これをうけ証取法会計は、投資意思決定に有用な企業内容の開示を目的とする。
［税務会計］　法人税法は課税の公平性の確保ならびに租税回避の防止を重視する。これをうけ税務会計は、課税所得の適正な算定を目的とする。
　これらの 3 つの会計は別個独立に存在するのではなく、密接に結びついており、そのことは「トライアングル体制」とよばれる。図 4-1 はトライアングル体制を図示したものである。会計制度間の影響は一方向

図4-1

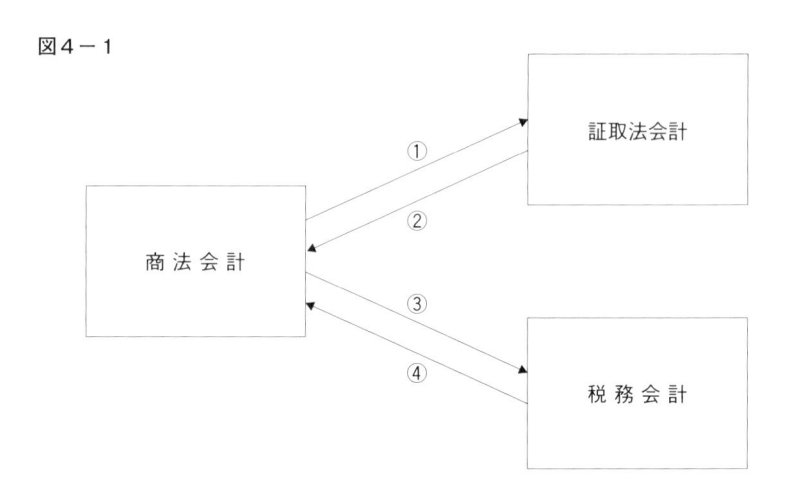

```
                    ①
                  ┌─────→ 証取法会計
                  │  ②
      商法会計 ←───┤
                  │  ③
                  ├─────→ 税務会計
                    ④
```

ではなく双方向である。

(2) 商法会計と証取法会計の相互関連性

[商法会計→証取法会計：図4-1の①] 個別財務諸表を前提とすると、証取法会計の財務諸表は、商法会計の計算書類を組み替えて作成される。商法会計と証取法会計の貸借対照表と損益計算書は、表示方法の差はあれ、実質的な内容は同じである（以下、単に「会計」という場合は商法会計・証取法会計を、「税務」という場合は税務会計をさす）。この2つでは商法会計の影響がより強く現われていた。その理由として、基本的な会計規定が商法に設けられ、企業会計法の基本となっていたことがある。また、商法会計の主たる役割は配当規制であったが、商法会計と証取法会計が一元化している状況では、証取法会計の利益についても配当として社外流出してもよいのか、という判断が必要とされた。

[証取法会計→商法会計：図4-1の②] 証取法会計は期間損益計算を

重視してきた。商法は証取法会計の考え方を尊重し、商法会計の貸借対照表においても、換金性を有しない繰延資産および債務性のない引当金を計上することを認めている。

(3) 商法会計と税務会計の相互関連性

[商法会計→税務会計：図4-1の③] わが国は法人税の課税システムとして、確定決算主義を採用している。確定決算主義には広義と狭義がある。広義は商法上の決算にもとづく課税所得の算定方式を意味し、狭義は内部取引等の特定事項について確定決算において所定の経理を行った場合にのみ課税所得の計算上これを認める方式を意味する[1]。なお、狭義の確定決算主義は損金経理要件を含む。

[税務会計→商法会計：図4-1の④] 確定決算主義は税務会計が商法会計に依存する形式をとるが、実際には逆の効果、すなわち、税法規定が会計処理を拘束するという「逆基準性」が生じる。引当金についていえば、引当金繰入額を税務上損金算入するには、会計上で損金経理する必要がある。引当金の繰入れは内部取引であり、確定した決算における費用性の有無の判断を税務上も受け入れるというのがその理由である。損金経理要件が存在するため、会計上で妥当と考えられる引当金繰入額が税務上の繰入限度額を下回っている場合、税務上の恩典を受けるため、会計上の引当金を税務上の繰入限度額まで計上するという事態が生じる。

---

1) 中村(利)(1992) 144頁。

2 現在のトライアングル体制

商法会計・証取法会計・税務会計の3つで構成されるトライアングル体制は、近年かなり変容した。

(1) 商法会計と証取法会計の相互関連性

[商法会計→証取法会計：図4−1の①] 一連の商法改正は、その他資本剰余金を配当財源とすることを認めるなど、商法会計における配当規制の後退をもたらした。この傾向は会社法制定により、さらに強まっている。また、会計基準の迅速な改訂を可能にするなどの理由で、計算規定の大部分が商法（会社法）から法務省令に移された。これらのことから、商法会計から証取法会計への影響は以前より弱まり、会計利益について配当適状に関する判断の必要性は低下した。

[証取法会計→商法会計：図4−1の②] 証取法会計で定着している連結会計制度が、一部の企業を対象とするものではあるが、商法会計に取り入れられた。また、後述する税効果会計はもともと証取法会計の系統に属するものであるが、現在は商法会計も税効果会計の制度を取り入れている。以上のことから、図4−1の①と②では、相対的に②の影響が強まったといえる。

(2) 商法会計と税務会計の相互関連性

[商法会計→税務会計：図4−1の③] 以前は商法会計と税務会計の結びつきが強く、会計利益と課税所得の差異は小さかった。しかし現在は、両者の差異が拡大し、税務申告における調整項目が増大している。その理由として、会計基準の国際的調和化の流れのなかで、新会計基準の公

表が相次いだことがある。また、税収中立を基本としたうえで、税率の引下げと課税ベースの拡大を意図した1998年度の法人税法の抜本的改正がある。

［税務会計→商法会計：図4-1の④］　会計ビッグバンと法人税法改正があわさって、商法会計と税務会計は大きく乖離した。税法基準に準拠した会計処理は、実態開示の点で、もはや容認することができなくなった。会計利益と課税所得の差異が拡大すると、税引前当期純利益・法人税等・税引後当期純利益の3つの関係は歪んだものになるが、それについては税効果会計で調整することにした。

(3)　税効果会計

1998年に『税効果会計に係る会計基準』が公表された。わが国では以前は、税効果会計は個別財務諸表には適用することができず、連結財務諸表で任意に適用されてきたが、現在では個別・連結とも税効果会計の適用が義務づけられている。税効果会計は、会計上の収益・費用と税務上の益金・損金の認識時点の相違などにより、会計上の資産・負債の額と税務上の資産・負債の額に相違がある場合、法人税等の額を会計上で適切に期間配分する手続きである。税効果会計の目的は、損益計算書の観点からは、税引前当期純利益と法人税等の合理的対応をはかり、税引後当期純利益を適正に計上することである。また貸借対照表の観点からは、将来キャッシュ・フローの減少あるいは増加をもたらす繰延税金資産および繰延税金負債を適正に計上することである。課税所得は会計利益から誘導的に算定されるが、計算された税額は期間配分されたうえで損益計算書・貸借対照表に計上される。このように、税効果会計は図

4-1の③と④の両方にかかわる。

　なお、税効果会計については、将来の納税額を実際に節約することができるのかという「繰延税金資産の回収可能性」が実務上重要な論点となる。回収可能性は将来の課税所得の発生に依存する。日本公認会計士協会は1999年に監査委員会報告第66号『繰延税金資産の回収可能性の判断に関する監査上の取扱い』を公表した。そこには「業績不安定で将来減算一時差異を十分に上回る課税所得がない場合、繰延税金資産は5年以内に見込まれる課税所得を限度とする」「重要な税務上の繰越欠損金が存在する場合、繰延税金資産は翌期に見込まれる課税所得を限度とする」「過去連続して重要な税務上の欠損金を計上している場合、繰延税金資産の計上を認めない」などの取扱いが示されている。

3　トライアングル・プラスワン体制

(1)　監督目的会計

　一般企業を前提とした以上の議論は金融機関にもあてはまるが、金融機関には監督目的会計という別の内容が加わる。金融機関の自己資本比率は

　　　自己資本比率＝自己資本／総資産

という式で求められる。ここで、総資産は個々の資産をリスクによりウエイトづけして算定し（リスク・アセット）、また自己資本に劣後債を含めるなど、一般企業における株主資本比率の定義とは若干異なる。国際決済銀行の自己資本比率については、BIS規制により国際統一基準が定められている。わが国ではこれをうけ、自己資本比率の最低基準について、

国際業務を営む銀行は8％、国内業務だけを営む銀行は4％と規定している[2]。これらを下回ると、政府は当該銀行に対し早期是正措置あるいは預金保険法にもとづく行動をとる。政府は預金者保護・金融システム維持などのために金融機関を監督する必要があるが、金融行政に会計数値が利用されるのである。

商法会計・証取法会計・税務会計の3つに監督目的会計を加えた金融機関の会計制度を、本章では「トライアングル・プラスワン体制」[3]とよぶことにする。図4-2はトライアングル・プラスワン体制を図示したものである。銀行の自己資本比率は証取法会計の個別財務諸表および連結財務諸表にもとづき算出されるため、本章では図4-2のように、監督目的会計を証取法会計と結びつけている。

(2) 証取法会計と監督目的会計の相互関連性

［証取法会計→監督目的会計：図4-2の⑤］　金融機関については、証取法会計の貸借対照表を用いて自己資本比率を算出する。その比率をもとに、政府の金融機関に対する措置が決定される。

［監督目的会計→証取法会計：図4-2の⑥］　金融機関には、自己資本比率を最低基準より大きくするという動機が存在する。経営順調で利益を計上し、その結果として自己資本比率が上昇するのであればなんら問題はない。だが、金融機関が特定の行動をとることによって自己資本の増大あるいは総資産の減少をはかり、自己資本比率を高めることがある。

---

2) 金融庁告示第23号『銀行法第14条の2の規定に基づき自己資本比率の基準を定める件』
3) これは筆者の造語である。

図4-2

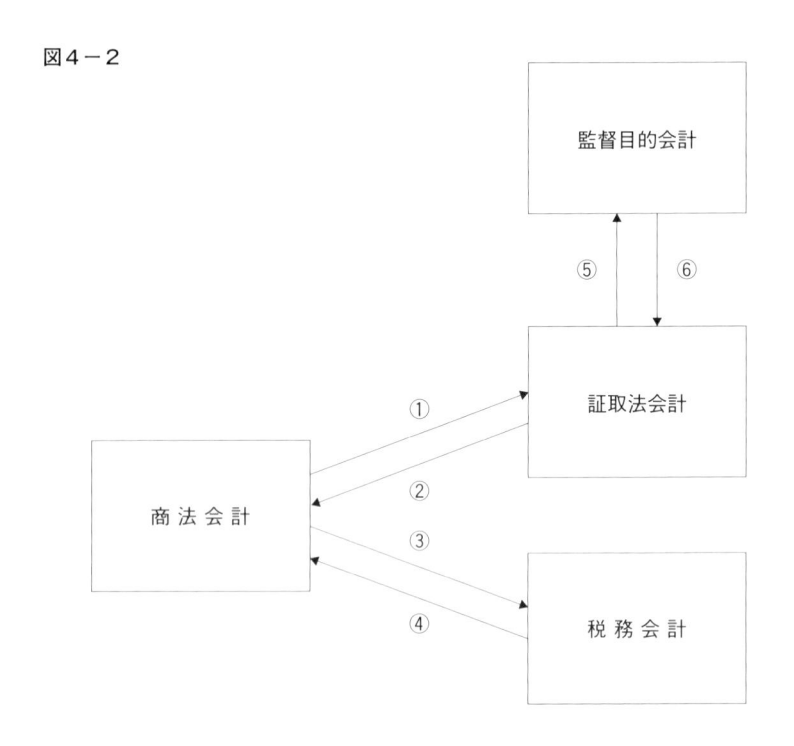

```
                              ┌──────────┐
                              │ 監督目的会計 │
                              └──────────┘
                                 ↑  ↓
                                 ⑤  ⑥
                              ┌──────────┐
                   ①          │ 証取法会計 │
              ┌──────────┐ ↗  └──────────┘
              │          │ ↙
              │ 商法会計  │   ②
              │          │ ←
              └──────────┘   ③
                         ↘  ┌──────────┐
                         ↖  │ 税務会計  │
                   ④      └──────────┘
```

この点についてはⅢ-2-(3)でふれるが、監督目的会計の存在が証取法会計の数値の変化をもたらす可能性がある。

Ⅱ　不良債権にかかる会計と税務

　本節では、不良債権に関するわが国の会計および税務上の取扱いの概要を示す。

1　会　　計

　不良債権処理には、貸倒引当金を計上するケースと債権を直接減額するケースがある。一般企業の債権について『金融商品に係る会計基準』は、一般債権・貸倒懸念債権・破産更生債権等の3つに分類している。一般債権は過去の貸倒実績率など合理的な基準により、貸倒懸念債権は財務内容評価法（債権額から担保・保証による回収見込額を控除した額について債務者の財務状況を考慮する）またはキャッシュ・フロー見積法（元本回収と利息受取にかかるキャッシュ・フローの割引現在価値と債権の帳簿価額との差額を貸倒見積高とする）にもとづき、貸倒引当金を計上する。破産更生債権等は債権額から担保・保証による回収見込額を控除した額を貸倒引当金として計上するが、貸倒見積高を直接減額することもできる。なお、企業が債権放棄した場合は、当該債権を直接減額する。

　金融機関の債権について、金融再生法の開示基準は正常先債権・要注意先債権・破綻懸念先債権・実質破綻先債権・破綻先債権の5つに区分している。ただし評価に関しては、これに担保や保証による回収可能性を加味し、最終的には債権をⅠ分類（回収に問題が少ないもの）、Ⅱ分類（回収に注意が必要なもの）、Ⅲ分類（回収に重大な懸念があるもの）、Ⅳ分類（回収

が不能なもの）という4段階に分類し、異なった引当率を適用する[4]。

2　税　　務

不良債権にかかる税制について、一般企業と金融機関の間に違いはない。法人税法は債権の貸倒れを次のように規定し、損金算入を認めている[5]。

- 法律上の貸倒れ：これは債権の全部または一部を切り捨てる場合で、税務上で損金算入するのに損金経理は不要である（法基通9-6-1）。
- 事実上の貸倒れ：これは債務者の資産状況・支払能力などから債権全額が回収不能であることが明らかな場合で、税務上で損金算入するには損金経理が必要である（法基通9-6-2）。

法人税法は損金の認識基準として債務確定主義を採用しているが、費用収益対応の原則という会計上の考え方を尊重し、引当金について別段の定めを設けている。貸倒見込額を損金経理により貸倒引当金勘定に繰り入れた額については、繰入限度額に達するまでの額が損金算入される。貸倒引当金の繰入限度額は次のように定められている（法法52①②、法令96①②）。

- 個別評価金銭債権：「会社更生法の更生計画の認可決定にもとづき、5年経過後に弁済される額」「債務超過状態が相当期間継続し、債権の一部につき回収不能と見込まれる額」「債務者が会社更生法の申請

4）岡部（2003）203-207頁。
5）売掛債権については、一定期間取引停止後弁済がない場合に損金算入を認めている（法基通9-6-3）。

をした場合は債権の50％」を繰入限度額とするなどの規定がある。
- 一括評価金銭債権：個別評価金銭債権以外の金銭債権については、期末債権残高に過去３年間の貸倒実績率を乗じて繰入限度額を算定する。

　会計上の費用と税務上の損金の関係は「損金算入・費用計上」「損金不算入・費用計上」「損金算入・費用未計上」「損金不算入・費用未計上」の４つに分かれる。このうち「損金算入・費用計上」が無税償却、「損金不算入・費用計上」が有税償却である。貸倒損失および貸倒引当金繰入れについて、税法規定は会計基準より厳格であり、有税償却となるケースが多い。

Ⅲ 「トライアングル・プラスワン体制」における不良債権処理

本節では、金融機関の会計制度の特徴である「トライアングル・プラスワン体制」が不良債権処理とどのようにかかわっているのかを検討し、会計および税制について今後の方向性を示す。なお、以下では不良債権処理に関し、債権の直接減額ではなく貸倒引当金の計上を前提として、議論を進める。

1 損金経理要件と税効果会計

(1) 以前の組合せ

まず、損金経理要件と税効果会計の組合せについて検討する。この組合せとしては図4-3のように4通り考えられる。以前は、税務上で損金算入するには損金経理が必要で、税効果会計は導入されていなかった（図4-3の②）。不良債権処理を実施する場合、有税償却と無税償却で税引前当期純利益は同じである。ただし、税効果会計が不適用であると、法人税等は有税償却が無税償却より大きくなり、税引後当期純利益は有税償却が無税償却より小さくなる。

金融機関は「不良債権処理額＜損金算入限度額」とすると、損金算入限度額の一部について損金経理しておらず、税務上の恩典を放棄することになる。そこで、損金算入限度額まで会計上の貸倒引当金を計上する。逆に「不良債権処理額＞損金算入限度額」とすると、超過額が有税償却

120

図4-3

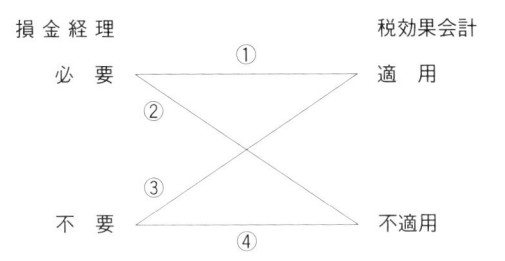

```
   損金経理              税効果会計
    必 要 ──────① 適 用
         ＼    ／
          ②
         ／  ＼
          ③
         ／  ＼
    不 要 ──────④ 不適用
```

となり、全額が無税償却の場合より税引後当期純利益は小さくなるため、有税償却を避けようというインセンティブが働く。

したがって「不良債権処理額＝損金算入限度額」というように、会計上の貸倒引当金を税法基準にもとづいて計上する逆基準性が生じやすくなる。

(2) 現在の組合せ

現行制度は、税務上の損金算入には損金経理が必要で、税効果会計が導入されている（図4-3の①）。金融機関は「不良債権処理額＜損金算入限度額」とすると税務上不利になるため、損金算入限度額まで会計上の貸倒引当金を計上する。逆に「不良債権処理額＞損金算入限度額」とすると、超過額については有税償却になるが、税効果会計の適用があるので、（法人税等調整額を加味した）法人税等負担額は有税償却・無税償却とも税引前当期純利益に実効税率を乗じた額となり[6]、税引後当期純利益は有税償却と無税償却で同じである。税効果会計の導入により有税償却の阻害要因は小さくなる。

6）実際には永久差異が存在するので、この値と完全には一致しない。

したがって「不良債権処理額≧損金算入限度額」というように、無税償却だけでなく有税償却も実施するという状況が生じやすい。逆基準性は全面的にではないにせよ、ある程度解消されている。有税償却を実施すると将来減算一時差異が生じ、繰延税金資産が計上される。わが国の金融機関は自己資本に対する繰延税金資産の比率が高い。2003年3月期において、大手銀行・地方銀行126行では47％、大手銀行11行では7割に達した[7]。その原因の1つとして、国際的な会計基準である「税効果会計」とわが国の税制の特徴である「損金経理要件」の併存があげられる。損金経理要件があるため、貸倒引当金の計上に関して繰延税金負債が計上されることはない。

(3) 損金経理要件の解除

税効果会計が採用されている現状で、税務上の損金経理要件を解除するケースを考えみよう（図4-3の③）[8]。「不良債権処理額＜損金算入限度額」とすると、限度額に満たない額は損金経理しないことになるが、申告減算が可能であるから税務上不利にならない。よって、損金算入限度額まで会計上で貸倒引当金を計上するという積極的な動機は存在しない。逆に「不良債権処理額＞損金算入限度額」として一部が有税償却になっても、税効果会計が採用されており、税引後当期純利益については全額が無税償却の場合と同じであるため、有税償却を阻害する会計上の理由は大きくない。

---

[7] 日本経済新聞2003年6月14日。
[8] 図4-3の④も理論的には考えられるが、国際的な制度として定着している税効果会計の採用を一般の財務会計において取り消すことは現実的でない。

損金経理要件の解消は「不良債権処理額＜損金算入限度額」という事態をもたらすことがあり、不良債権処理の促進と相いれないようにもみえる。ただ、税務上の貸倒引当金の繰入限度額は、一括評価金銭債権については過去3年の貸倒実績率を用いて算定するが、これは過去の実績値を将来事象にそのまま適用するもので、会計的に常に妥当であるとは限らない[9]。個別評価金銭債権については、債務者が会社更生法の申請をした場合は債権の50％を繰入限度額とするなど、機械的な算定がなされる。不良債権処理額は会計的判断にもとづくことが重要で、税法に左右されるべきものではない。損金算入限度額に満たない額を会計上の貸倒引当金として計上することが妥当なケースもある。

　損金経理要件を解除すると、会計上の不良債権処理額は税務上の損金算入限度額による束縛から解放され、逆基準性（図4-2の④）は大幅に解消される。その結果、将来減算一時差異と将来加算一時差異のいずれかが生じ、繰延税金資産ではなく繰延税金負債が計上されることもある。企業実態を的確に表現するような財務諸表を作成することは当然の要請であるが[10]、それに加え、後で述べる繰延税金資産の抑制という観点からも、損金経理要件の解除については検討の余地がある。

---

9 ）実績率方式の問題点については、藤本（2000）149-150頁。
10）逆基準性には、第6章で取り上げるように、会計上の貸倒引当金の過少計上に対する歯止めというプラスの側面がある。それゆえ、損金経理要件の解除には会計監査が有効に機能することが前提となるが、金融機関には監査法人・金融庁・日本銀行など複数のチェックがかかっている。

2　自己資本比率規制と税効果会計

(1)　繰延税金資産の計上制限

　不良債権処理として「回収可能性に疑義のある金銭債権」について貸倒引当金を計上した結果、「回収可能性に疑義のある繰延税金資産」が貸借対照表に計上されるならば、1つの問題の解決が別の問題を生み出すことになる。

　2002年10月に金融庁が公表した『金融再生プログラム』は、金融機関の資産査定の厳格化・自己資本の充実化などの方針を示している。そこには当初、繰延税金資産の計上を（資本金・資本準備金などの）中核的資本の10％以内に制限するという項目が含まれる予定であったが、金融機関の強い反発があり、検討課題とするにとどまった。続いて2003年2月には『主要行の監査に対する監査人の厳正な対応について』という日本公認会計士協会会長通牒が出され、繰延税金資産の合理性の確認などについて厳格な監査の実施を求めている。

　このような状況のなか、りそな銀行の問題が発生した。2003年3月期の自己資本比率は、銀行の決算案では国内基準行の最低基準である4％を上回っていた。しかし、担当監査法人は繰延税金資産について回収可能性に疑義があるとして減額を求め、りそな銀行単体で2％台、りそなホールディングスで3％台と、自己資本比率はいずれも4％を下回った。結果として公的資金注入が決まり、りそな銀行は事実上、一時国有化された。それとともに経営責任の追求がなされ、経営者の退陣・従業員の給与削減・人員削減・関連会社の整理などが実施された。

その後2003年7月に、金融審議会の「自己資本比率規制に関するワーキンググループ」は『経過報告』を公表した。繰延税金資産は資産性が脆弱であり、自己資本に対する繰延税金資産の割合は低下することが望ましいという見解を示している[11]。

(2) 「会計数値の硬度」と「会計数値の利用方法」

　さて、井尻雄士教授は「会計数値の硬度」という概念を提示されている。「硬い数値」とは人々が異論をとなえるのが難しいように厳格につくられた数値をいい、「軟らかい数値」とは測定者の恣意で簡単に変動する数値をいう[12]。

　本章では「会計数値の利用方法」を「硬直的な利用」と「弾力的な利用」に分けて考える。「硬直的な利用」とは会計数値の大きさが各経済主体の利得（満足度の大きさ）に直結するかたちでの利用であり、「弾力的な利用」とは会計数値の大きさが各経済主体の利得に直結しないような利用である。「会計数値の硬度」と「会計数値の利用方法」の組合せを単純化して示すと図4-4のようになる。

　ここで重要な点は「硬い数値は硬直的に利用してもよいが、軟らかい数値は弾力的に利用しなければならない」ということである[13]。図

---

11) 金融審議会は2004年6月に『自己資本比率規制における繰延税金資産に関する算入の適正化及び自己資本のあり方について』と題する報告書を公表したが、それは『経過報告』の考えに沿ったものである。当該報告書をうけて金融庁は2005年9月に、主要行の自己資本比率規制に関し、繰延税金資産を中核的資本の20％まで段階的に引き下げるという案を公表している。
12) 井尻（1976）54頁。
13) 硬い数値を弾力的に利用することは特に問題ない。

図4－4

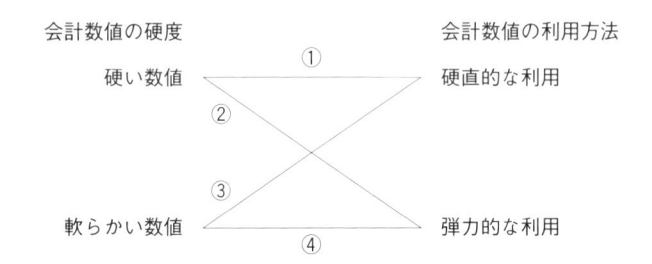

```
会計数値の硬度            会計数値の利用方法
  硬い数値    ①        硬直的な利用
           ②
           ③
 軟らかい数値   ④        弾力的な利用
```

4-4の①②④はよいが、③は好ましくない。軟らかい会計数値を硬直的に利用すると、会計数値が特定の経済主体に恣意的に操作され、そのことがある経済主体の利得の上昇あるいは低下に直結するため、利得が低下する者に不満が生じる。これは経済主体間の利害調整という点で弊害が大きい。

　現在の証取法会計は将来事象の予測を織り込む要素が多く、数値の信頼性より有用性を優先する傾向があるが、そのことは会計数値の硬度の低下を引き起こしている。証取法会計において、会計数値が金融機関および投資家の利得に及ぼす影響の連鎖は図4-5のようになる。「自然」という偶然機構が金融機関の「真の業績」[14]を決定し、金融機関がそれを会計数値に変換する。投資家は金融機関の会計数値を観察して、当該金融機関の状態を判断し、投資意思決定を行う。その結果、金融機関および投資家の利得が決まる。ここで、図4-5の「投資家の信念」とは、投資家が金融機関の会計数値を観察した際に、金融機関の真の業績

---

14)「真の業績」とは企業の本当の実力を表す概念で、会計数値として表現される前の段階のものである。

図4－5

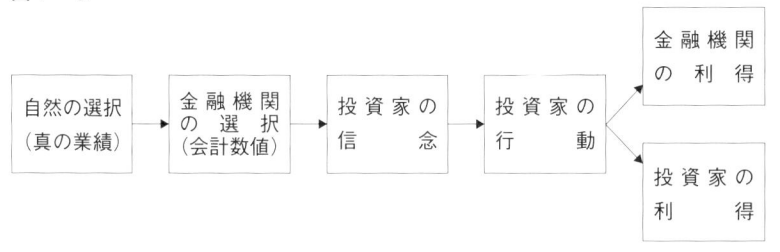

```
┌─────────┐   ┌─────────┐   ┌─────────┐   ┌─────────┐   ┌─────────┐
│ 自然の選択 │→│ 金融機関 │→│ 投資家の │→│ 投資家の │⎯→│ 金融機関 │
│ (真の業績) │   │  の選択  │   │  信 念   │   │  行 動   │   │  の 利 得 │
│         │   │(会計数値)│   │         │   │         │   └─────────┘
└─────────┘   └─────────┘   └─────────┘   └─────────┘   ┌─────────┐
                                                    ⎯→│ 投資家の │
                                                        │  利 得   │
                                                        └─────────┘
```

をどのように判断するのかということである。会計数値がもたらす影響は「投資家の信念」を経由するため、会計数値の変化が「投資家の行動」を常に変化させるとはいえず、「金融機関の利得」および「投資家の利得」の変化が生じるかどうかは確定的でない。現在の証取法会計は、軟らかい会計数値を弾力的に利用しているといえる。

　商法会計と証取法会計の一元化のもと、証取法会計における会計数値の硬度の低下は、商法会計における会計数値の硬度の低下をもたらした（図4-2の②）。よって、商法会計でも会計数値を以前より弾力的に利用する必要がある。配当可能限度額の算定はかなり硬直的な会計数値の利用方法である[15]。しかし、一連の商法改正および会社法制定により、会計利益と配当可能限度額の関係は弱まり、配当規制から開示規制へのシフトが生じた。これは商法会計における数値利用の弾力化であると解釈することができる。

---

15) ただし、実際の配当額ではなく配当上限を決めるものであり、完全に硬直的とはいえない。

(3) 監督目的会計における会計数値の利用方法

　監督目的会計について、会計数値が及ぼす影響の連鎖は図4-6のようになる。これには「政府の信念」を経由する間接ルートと、経由しない直接ルートの2つが考えられる。間接ルートは証取法会計の図4-5と同じ構造である。政府は金融機関の会計数値（自己資本比率）を観察して、当該金融機関の状態を判断し、いかなる措置をとるか決定する。しかし現実には、りそな銀行のケースからもわかるように、4％（あるいは8％）という基準は絶対的なものであり、それを下回ると預金保険法にもとづく公的資金注入などがただちに実施される。これは図4-6の直接ルートであり、自己資本比率が算出されると、政府の信念とは関係なく政府行動が決まり、「金融機関の利得」および「政府の利得」が変化する。

　監督目的会計の問題点は「非常に軟らかい会計数値を極めて硬直的に利用している」ことである。金融機関の自己資本比率は、証取法会計の財務諸表を用いて算定するが、前述したように、財務諸表については全般的に数値の硬度が低下している。なかでも繰延税金資産の回収可能性は、将来に十分な課税所得を生み出すことができるかという経営者および監査人の判断に左右され、繰延税金資産の硬度は低い。それゆえ、自己資本に対する繰延税金資産の割合が高いわが国の金融機関について、自己資本比率という数値の硬度は非常に低いものである。しかし、いったん自己資本比率が算出されると、その数値は一人歩きし、金融機関に対する決定的要因となる。国内基準行にとって、自己資本比率が4.1％と3.9％という2つの状況は、証取法会計では誤差の範囲ともいえるが、監督目的会計では天と地ほどの差がある。

図4－6

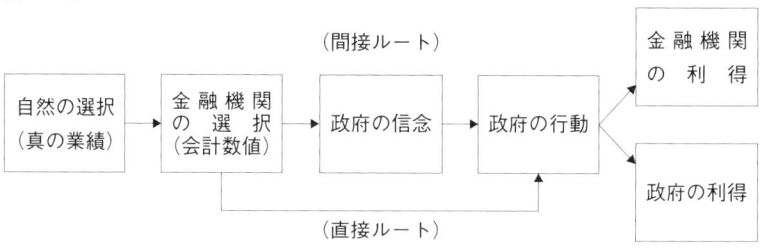

```
                        （間接ルート）         金融機関
                                              の 利 得
┌─────┐   ┌─────┐   ┌─────┐   ┌─────┐
│自然の選択│→│金融機関 │→│政府の信念│→│政府の行動│
│（真の業績）│  │の 選 択 │   │         │   │         │
│         │   │（会計数値）│   └─────┘   └─────┘
└─────┘   └─────┘                      ↑          政府の利得
              └──────────────────┘
                        （直接ルート）
```

　『金融再生プログラム』の当初案に関し、政府は繰延税金資産の計上を制限することで金融機関を意図的に過少資本に陥らせ、強制的に公的資金を注入しようとしたという見方がマスコミ等にあった。この見方によると、政府は意図的に、軟らかい会計数値を硬直的に利用しようとしたことになる。金融機関の自己資本を強制的に充実させるという政府の方針は理解できるとしても、妥当といえない手法に金融機関が反発したのは当然であろう。繰延税金資産の計上を制限することで金融機関の自己資本を過少化し、公的資金注入などが実施されると、金融機関は経営責任が追求され、金融機関の利得は大きく低下する。そこで、自己資本比率が最低基準を下回ることを回避するため、金融機関は貸し渋り・貸しはがしによる総資産の減少、取引先に対する増資引受けの強要による自己資本の増大など、社会的に好ましいとはいえない手段を用いて、自己資本比率規制をクリアするという事態が起こりうる[16]。

　16) 情報の送り手が自ら発信する情報によって影響を受ける効果は情報インダクタンスとよばれる。Prakash & Rappaport（1977）p 30. 金融機関のこのような行動は情報インダクタンスの例である。

(4) 自己資本比率規制の弾力的適用

「自己資本比率規制に関するワーキンググループ」の『経過報告』は繰延税金資産について、算入上限の議論とは切り離して、算入根拠と計算手続きの情報開示を求めるべきであるという見解を示した。それをうけて、2003年9月中間決算から、繰延税金資産の情報開示の拡充が行われている。情報開示の拡充は、図4-5に即していうと、投資家の信念の変化を通じて投資家の行動に影響を及ぼすことになり、証取法会計では意味がある。しかし、情報開示によって会計数値の硬度は変化しない。監督目的会計については、硬直的な数値利用を前提とする限り、情報開示の拡充だけでは問題解決につながらない。

そこで、金融機関の自己資本比率規制について、次の2つの方策を取り上げる[17]。

(ア) 繰延税金資産の計上を制限したうえで、自己資本比率を算定する。

(イ) 4%あるいは8%という数値を絶対視するのではなく、政府が実質的な判断を行ったうえで、金融機関に対する措置を決定する。

(ア)は自己資本比率という「数値の硬度を上昇させる」のに対し、(イ)は自己資本比率という軟らかい数値を「弾力的に利用する」ことである。(ア)と(イ)の内容は異なるが、いずれも「硬い数値は硬直的に利用し、軟らかい数値は弾力的に利用する」という考え方に合致する。

(ア)という案であるが、金融機関の自己資本比率は一般企業の株主資本

---

17) 須田 (2001) は監督目的会計と一般の財務会計を分離し、財務会計にのみ税効果会計を適用すべきであると主張している。101頁。米国では監督目的会計と一般の財務会計は分離しており、繰延税金資産の取扱いは異なっている。吉田 (2003) 30-31頁。

比率と同一ではなく、分母にリスク・アセットを用いるなど、すでに修正がなされており、繰延税金資産の計上制限というさらなる修正を加えることは可能である。自己資本比率の算定基準を変更するならば、４％あるいは８％という最低基準値は、本来は見直すべきである。ただ、国際業務を営む銀行について８％という基準はBIS規制という国際統一ルールによるものであり、わが国だけ変更することは事実上不可能である。

(イ)という案は、制度の変更というよりも、わが国の金融行政の運用面での変更であり、比較的容易に行うことができる。ただ、４％（あるいは８％）という最低基準は広く知れ渡っており、銀行の自己資本比率４％割れに対し、国内外の利害関係者は過敏に反応する可能性がある。それを防ぐため、政府は４％（あるいは８％）という数値は銀行の命運を決定づけるものではなく、１つの目安にすぎないことを十分説明する必要があろう。

3　無税償却の拡大

不良債権処理に関し、金融庁は「不良債権処理の促進」「金融機関の自己資本の充実」を、財務省は財政難のおり「税収の確保」をそれぞれ重視し、政府内部でも重視する項目は必ずしも一致していなかった。「不良債権処理の促進」と「税収の確保」の両立という点で、税効果会計は都合がよい。税効果会計の導入は有税償却の実施を促すが、有税償却ゆえ税収減少につながらないからである。税効果会計は税引前当期純利益と法人税等の合理的対応をはかることを目的とする。目的と効果は区別

して考えるべきであるが、税効果会計が有する有税償却の促進という効果は大きい。

さて、財務省が重視する「税収の確保」は、税務上の貸倒引当金にかかる厳格な損金算入条件につながっている。わが国では「厳格な損金算入条件」と「税効果会計」があわさって、多額の繰延税金資産が計上される。前述した『金融再生プログラム』は金融機関の貸倒引当金について、新たな無税償却制度の導入を求めている[18]。政府の税制調査会は2003年6月に『少子・高齢社会における税制のあり方』という中期答申を公表し、不良債権処理についても言及している。中期答申は金融機関のみ優遇することは否定的だが、「税務会計の基本を維持しつつ税務基準と企業会計の取扱いの差異が小さくなるよう必要な見直しを図っていくべきである」と述べている。これは「税務の会計への歩み寄り」であり、逆基準性の「会計の税務への歩み寄り」とは方向が逆である。「税務の会計への歩み寄り」は損金算入条件の緩和による無税償却の拡大であり、課税を遅らせる。

税効果会計の導入は有税償却にかかる税引後当期純利益をかさ上げするが、当期の納税額自体は変化しない。それに対し、損金算入条件の緩和は納税額という当期のキャッシュ・フローを変化させる。よって後者のほうが、不良債権処理について強い促進効果を有することが多い。

無税償却の範囲を拡大すると、不良債権処理が進むとともに、将来減

18）『金融再生プログラム』には欠損金の繰戻し還付の凍結解除・期間延長、および欠損金の繰越控除期間の延長という、税制改正にかかる要請が含まれている。これをうけて、2004年度の税制改正で、欠損金の繰越控除期間は5年から7年に延長された。

算一時差異が減少して繰延税金資産の計上額が小さくなるため[19]、「金融機関の自己資本の充実」という点でも都合がよい。不良債権処理は税収確保より優先すべき課題であるというコンセンサスが得られれば、損金算入条件を緩和するように税法規定を変更することは可能であろう。

　ただ、税務上の損金算入を企業の会計的判断に全面的にゆだねる（図4-2の③）ことは妥当でない。Ⅲ-2-(2)で取り上げた「会計数値の硬度」と「会計数値の利用方法」という点に照らすと、税法規定は経営者の恣意性を排除して課税の公平性を確保するため、形式基準を多く採用しており、課税所得という数値の硬度は高い。それに対し、会計上の貸倒引当金は将来キャッシュ・フローの見積りなど経営者の判断に大きく左右される。それゆえ、税務処理を会計処理にゆだねると課税所得という数値の硬度が低下する。課税所得計算は納税額に直結し、極めて硬直的な会計数値の利用方法である。よって、図4-4の③という妥当性を欠く組合せにつながることになる。損金算入条件を緩和して無税償却の範囲を拡大するにしても、税法規定が有する画一性・客観性は維持すべきである。

---

[19] ただし中期答申は、金融機関が赤字の状況では無税償却の範囲を拡大しても繰越欠損金が計上され、繰延税金資産は減少しない可能性があることを指摘している。

Ⅳ　結びにかえて

　本章では、わが国において会計および税制が金融機関の不良債権処理とどのようにかかわっているのかを考察した。考察にあたり「トライアングル・プラスワン体制」「税効果会計の導入」「会計数値の硬度と会計数値の利用方法」という点を重視した。そして
- 損金経理要件を解除する。
- 自己資本比率規制を弾力的に適用する。
- 無税償却の範囲を拡大する場合でも、税法規定の画一性・客観性は維持する。

という方向性を示した。

　なお、『金融再生プログラム』が公表された後、わが国の景気は回復傾向にある。金融機関の不良債権問題は、融資先の業績向上などの理由によって、かなりの程度解消された[20]。ただ、金融機関全体をみた場合はそのようにいえるだろうが、個々の金融機関では今後も不良債権問題が生じる可能性はある。不良債権に関する会計と税務のあり方については、検討を続けるべき課題であると考える。

---

20) 金融庁は2004年12月に『金融改革プログラム』を公表した。そこでは金融行政について、不良債権問題への緊急対応という「金融システムの安定」を重視したものから、将来の望ましい金融システムを目指す「金融システムの活力」を重視したものへ転換する、という考え方が示されている。

【参考文献】

Prakash, P & Rappaport, A. "Information Inductance and Its Significance for Accounting". *Accounting, Organizations and Society.* 2(1), 1977.

井尻雄士『会計測定の理論』東洋経済新報社、1976年。

岡部孝好『最新 会計学のコア』森山書店、2003年。

近藤光男・志谷匡史『改正株式会社法Ⅰ・Ⅱ・Ⅲ・Ⅳ』弘文堂、2002、2004、2005年。

斉藤精一郎『ゼミナール現代金融入門（改訂4版）』日本経済新聞社、2003年。

須田一幸「税効果会計の意義と問題点」（中村忠編著『制度会計の変革と展望』白桃書房、2001年所収）。

中央青山監査法人編『詳解税効果会計の実務（第2版）』中央経済社、2002年。

中村利雄「我が国における確定決算基準について」『第13回日本公認会計士協会研究大会研究発表論文集』1992年。

西村幹仁『税効果会計の理論』同文館、2001年。

藤本周平「金融危機後のわが国の公認会計士監査」（桜井久勝・加藤恭彦編著『財務公開制度論の新展開』中央経済社、2000年所収）。

吉田康英「金融機関の不良債権処理」『企業会計』55巻2号、2003年。

第5章──無償資産譲渡にかかる会計処理
―税務処理との比較を中心に―

●はじめに

　企業が無償による資産の譲渡を行った場合、会計計算と税務計算でその取扱いが異なる。法人税法は益金の額に算入すべき金額として無償資産譲渡にかかる収益をあげており（法法22②）、税務計算では譲渡資産に適正時価を適用して益金に算入する。一方、会計計算では無償資産譲渡において収益を計上するという基準は存在せず、そのような慣行も存在しない。企業会計審議会は1966年に「税法と企業会計との調整に関する意見書」を公表し、そこで「資産を無償譲渡又は低廉譲渡した場合に、当該資産の適正時価を導入して収益を計上することの当否については、企業会計原則上まだなんら触れるところがないので、これを明らかにすることが妥当である。」と述べているが、現在でも変わるところはない。

　本章の目的は、無償資産譲渡を会計上で収益として計上することの妥当性を検討することである。考察にあたっては次の点を意識する。

- 税務上の処理との比較を重視する。
- 税務計算における無償資産譲渡の益金算入の根拠を、会計計算にあてはめて考える。
- わが国の企業会計制度は近年かなり変化しており、その変化を考慮にいれる。

　本章の構成は次のとおりである。Ⅰでは無償資産譲渡にかかる会計計算と税務計算の現行の取扱いを示し、税務計算における益金算入の根拠を整理する。Ⅱ以降で、会計計算における収益計上の妥当性を検討する。Ⅱでは開示面、Ⅲでは収益・費用の認識、Ⅳでは収益・費用の測定、Ⅴではその他の項目に焦点をあてる。

　なお、本章では商法会計および証取法会計を「会計計算」、税務会計を「税務計算」と表現する。また、譲渡資産の時価が帳簿価額を上回っていることを前提として議論を展開する。無償による役務の提供については検討対象から除外する。

I　現行制度の把握

　本節では現行の会計処理と税務処理を仕訳例で示し、両者の相違点を明らかにする。また、税務計算において無償資産譲渡が益金に算入される根拠を整理する。

1　会計処理と税務処理

　無償資産譲渡に関する具体例として、企業が帳簿価額100、時価500の土地を第三者に贈与するケースを考える。会計計算では仕訳1の処理が採用される[1]。

　　仕訳1　　（寄付金）　100　／　（土　地）　100

仕訳1では土地の帳簿価額100を減額し、同額を寄付金として計上している。収益に属する勘定科目は登場しない。一方、税務計算では仕訳2の処理が採用される。

　　仕訳2　　（寄付金）　　　　　500　／（固定資産譲渡収益）　500
　　　　　　（固定資産譲渡原価）100　／（土　地）　　　　　　100

仕訳2では固定資産譲渡収益を土地の時価500で、固定資産譲渡原価を土地の帳簿価額100で、それぞれ計上している。また、寄付金は土地の時価500で計上している。なお、無償資産譲渡が贈与ではなく人件費の現物支給に該当する場合、仕訳1および仕訳2の寄付金は給与・退職

1）中村利雄氏は仕訳1を除却経理法、仕訳2を総額経理法、仕訳3を純額経理法とよんでいる。中村（利）（1990）38頁。

第5章　無償資産譲渡にかかる会計処理　　139

金・役員報酬等の勘定科目に変わる。

会計上の仕訳1と税務上の仕訳2を比較すると、仕訳1は2通りの意味での相殺が実施されていると理解することができる。

(ア)第1の相殺　税務上の仕訳2では固定資産譲渡収益と固定資産譲渡原価を両建する処理が採用されている[2]。ここで、仕訳2について固定資産譲渡収益と固定資産譲渡原価を相殺し、その差額400を固定資産譲渡益[3]として計上すると仕訳3になる。

　　仕訳3　　（寄付金）　500　／　（固定資産譲渡益）400
　　　　　　　　　　　　　　　　　（土　　地）　　　100

本章では譲渡収益と譲渡原価を相殺し、差額を譲渡益として計上することを「第1の相殺」とよぶことにする。

(イ)第2の相殺　仕訳3について、さらに固定資産譲渡益と寄付金を相殺すると、会計上の仕訳1になる。譲渡益と寄付金等の相殺を「第2の相殺」とよぶことにする。

会計計算において無償資産譲渡にかかる収益を計上すべきか否かという問題は、第1の相殺と第2の相殺の妥当性という問題に置き換えることができる。次節以降ではこのように理解したうえで、会計処理を検討する。

---

2) 有価証券については2000年度の税制改正で、税務上も譲渡収益と譲渡原価の差額を譲渡益として計上するようになり、会計と同様の処理がなされている。
3) 有償譲渡の場合は固定資産売却益という科目が用いられる。

2　益金算入の根拠

　税務計算において無償資産譲渡を益金に算入する根拠は諸説が存在する。ここで代表的なものを整理しておく[4]。

　㈦寄付金規定説　企業が金銭以外の資産を贈与した場合、税務上で寄付金の額となるのは当該資産の贈与時における時価である（法法37⑥）。会計上の寄付金は資産の帳簿価額で計上されるため、時価が帳簿価額を超過する場合、貸借バランスの観点から、税務上は超過額を益金の額に含める。

　㈣キャピタルゲイン課税説　企業の保有資産に含み益が存在する場合、当該資産が企業から離れる際に含み益が顕在化すると考え、キャピタルゲインに課税する。

　㈼有償取引同視説　無償資産譲渡は、資産をいったん売却して現金を受け取り、その現金を相手に贈与することと経済的効果は同じであるため、売却益相当額を課税所得に含める。

　㈾適正所得算出説　資産を無償譲渡した企業と正常な対価で有償譲渡した企業の間における課税の公平性を維持するため、無償取引から収益が生じることを擬制する。

4）金子（2005）271-272頁、中村（利）（1992）59-61頁、吉牟田（1997）63-64頁を参考にした。なお、これらの根拠については議論が存在するが、本章は会計処理を考察の対象とするため、税務上の根拠について立ち入った検討は行わない。

Ⅱ　開　示　面

　以下では、無償資産譲渡を会計計算において収益計上することの妥当性を検討する。本節では開示面にかかる論点として、総額主義と段階的損益計算を取り上げる。

1　総額主義

　企業会計原則は「費用及び収益は、総額によって記載することを原則とし、費用の項目と収益の項目とを直接に相殺することによってその全部又は一部を損益計算書から除去してはならない。」と規定している（損益計算書原則1 B）。これは総額主義の原則とよばれる。収益と費用を相殺してしまうと取引の規模が示されなくなるというのが、総額主義が採用される理由である。

　会計上の仕訳1はⅠ-1で述べたように、収益と費用について2通りの相殺が行われており、総額主義の原則に反しているようにみえる。ただ、総額主義の原則が禁止しているのは第1の相殺と第2の相殺のいずれであるのか、という点を考える必要がある。

　会計計算では、有価証券ないし固定資産の売却という企業の主たる営業活動に属さない営業外損益および特別損益項目については、売却収益と売却原価を相殺し、差額を売却益として計上する。つまり、無償譲渡に限らず有償譲渡においても第1の相殺は実施されている。この点で、商製品の販売という企業の主たる営業活動について売上高と売上原価が

両建経理されるのとは異なる。

　営業外損益および特別損益項目において第1の相殺が実施される理由として、金額が多少大きくても質的にそれほど重要であるとは考えられず、総額表示すべき必要性があまりないということがある[5]。また、付随的事業活動は純額によるキャッシュ・フローを明示するほうが利害関係者の収益力判断にとって望ましいという見解がある[6,7]。

　無償資産譲渡にかかる会計処理について、第1の相殺を行わずに譲渡収益と譲渡原価を両建したとすれば、有償譲渡と無償譲渡の間の整合性が失われる。

　税務計算においては、無償資産譲渡の借方項目が寄付金に該当すれば、損金算入限度額を超過する額は損金不算入になる。また、借方項目が交際費に該当すると原則として損金不算入となる。それゆえ、第2の相殺を行うか否かで、換言すると仕訳1と仕訳3の間で、課税所得に差が生じることになる。よって、第2の相殺を行わない処理が必然的に採用される。なお、第1の相殺の有無は課税所得の額に影響を及ぼさない。

　一方、会計計算では第1の相殺だけでなく、第2の相殺についても、その実施の有無が基本的には当期純利益に影響を及ぼさない。借方項目の全額が費用として計上されるからである。会計計算において、2通りの相殺を実施する仕訳1というシンプルな処理が採用される最大の理由はその点にあると思われる。

5）飯野（1993）13-9頁。
6）武田（隆）（平成16年版）83-84頁。
7）固定資産譲渡における第1の相殺の実施について、その理由を当期業績主義に求める見解がある。中村（利）（1990）35-36頁。

ただし、会計計算でも借方項目の全額が「当期」の費用にならないことがある。労務費として製造原価に算入されるケース、繰延資産に該当して資産計上されるケースがこれに該当する。このようなケースでは会計計算においても、第2の相殺が当期純利益の額を変化させるという点で実質的な意味をもってくる。

さて、相殺の対象となる収益と費用の関係であるが、第1の相殺にかかる譲渡収益と譲渡原価の間には、キャピタルゲインを生み出すことにおいて犠牲と効果という直接的な対応が見受けられる。それに対し、第2の相殺にかかる固定資産譲渡益と寄付金では、譲渡収益と譲渡原価の間に存在するような直接的な対応関係は存在しない。このような収益と費用を相殺することは、会計利益を発生原因の面から明らかにするという損益計算書の趣旨に合致しているとはいえない。

以上のことより、無償資産譲渡における第1の相殺は総額主義の原則に反しているとはいえない。総額主義は第2の相殺の禁止を求めていると理解するのが適当であろう。

なお、会計の機能は利害調整機能と情報提供機能に分かれる。利害調整機能は利害関係者間の取引を円滑にし、利害関係者間の対立を緩和する会計の働きである。利害調整機能の主たるものとして配当可能利益の算定がある。配当可能利益は当期純利益の累積としてのストック数値である。一方、情報提供機能は投資意思決定に有用な情報を提供するという会計の働きである。情報の有用性についていえば、貸方項目である収益情報と借方項目である費用情報には、それらの差額概念である利益額に対する増分価値が備わっており、第2の相殺は情報の一部を喪失させ

る。企業会計は利害調整機能から情報提供機能へシフトしているといわれるが、その点からも第2の相殺の妥当性が問われることになろう。

2　段階的損益計算

　会計計算は損益計算書において、収益の総額から費用の総額を控除することによって当期純利益という最終成果だけを算定しているのではない。明瞭表示の観点から、収益および費用を細分化したうえで、売上総利益・営業利益・経常利益・当期純利益という複数の利益を段階的に算定している。一方、担税力ある所得算定を目的とする税務計算では、段階的損益計算は意味がなく実施されない[8]。

　会計計算において、借方項目の全額が当期費用として計上される通常のケースであれば、第1の相殺と第2の相殺の有無は当期純利益に影響を及ぼさない。しかし、第2の相殺の有無は、営業利益・経常利益など当期純利益以外の利益にしばしば影響を及ぼす。収益と費用の間に直接的な対応関係が存在しない場合、第2の相殺の対象となる収益と費用の計上区分が異なることがあるからである。寄付金は販売費及び一般管理費、固定資産譲渡益は特別利益に計上される。仕訳1と仕訳3を比較した場合、両者の当期純利益は同じであるが、営業利益および経常利益については仕訳1が仕訳3より400大きくなる。

　なお、第1の相殺ではこの問題が生じない。会計計算で第1の相殺を実施しない仕訳2を採用したとすれば、固定資産譲渡収益500は特別利益、固定資産譲渡原価100は特別損失として計上される。それに対し、

---

8) 中村(利)(1992) 43-44頁。

第1の相殺を実施する仕訳3については、差額としての固定資産譲渡益400は特別利益に計上される。結果として、仕訳2と仕訳3では当期純利益を含むすべての利益が同一になる。

III　収益・費用の認識

1　収益の認識

　仕訳1と仕訳3の貸方に注目すると、仕訳3は固定資産譲渡益400を計上しているのに対し、仕訳1は固定資産譲渡益を計上していない。第2の相殺の有無はキャピタルゲイン認識の有無であるということができる。この観点から、第2の相殺の是非について検討する。

　会計計算では収益の認識基準として実現主義、費用の認識基準として発生主義を採用してきた。企業会計原則は「すべての費用及び収益は…その発生した期間に正しく割り当てられるように処理しなければならない。ただし、未実現収益は、原則として、当期の損益計算に計上してはならない。」と規定している（損益計算書原則1A）。実現主義は価値実現の事実にもとづいて収益を計上するというものである。実現の要件は伝統的に、①財またはサービスの第三者への提供、②対価として貨幣性資産の受入れ、の2点であるとされてきた。ただ、これらの要件を緩和した拡張的実現概念が存在し、そこでは実現の要件が①収益獲得における決定的事象の生起、②対価の測定可能性、に置き換わる。伝統的実現概念だけでなく拡張的実現概念についても、対価収入が存在することを前提としている。この点についていえば、対価収入が生じない無償資産譲渡はいずれの実現概念の要件も満たしていないといえる。

　さて、税務上のキャピタルゲイン課税説は資産を譲渡したときに未実現のキャピタルゲインが顕在化するという考え方である。会計上の実現

概念は基本的に貨幣等価物の流入を重視するのに対し、キャピタルゲイン課税説では貨幣等価物の流入を前提としていない。企業が資産を譲渡した場合、法人税法には無償資産譲渡に限らず一般的に、時価で譲渡があったものとしてキャピタルゲイン課税を行うという思考が存在する[9]。

　以上のように、税務計算における益金の認識基準は会計上の実現概念とは異なる。しかし、現在では金融商品の一部の会計処理について、金融市場で自由・円滑に貨幣性資産に転換可能な状況にあるという理由で、時価変動による保有損益を随時認識する実現可能基準が採用されている。実現可能基準は特定の金融商品に限定的に適用されるものであるが、対価収入の存在を前提としていない。実現の事実ではなく実現の可能性を問うという会計上の収益認識の緩和状況は、収入が生じない無償資産譲渡について、キャピタルゲイン獲得の可能性が存在したということを根拠に収益計上を認める状況を生み出しているといえる。

2　含み益の活用

　企業が保有する土地は貸借対照表において取得原価で計上され、含み益が存在しても企業が保有しつづける限りキャピタルゲインを認識することはない。これはキャピタルゲインの認識を中止したのではなく、売却時点まで繰り延べているだけである。さて、土地を寄付や現物給与にあてた場合、現行の会計処理では仕訳1のようにキャピタルゲインが永久に認識されないことになるが、その妥当性は検討を要する。土地には含み益400が存在し、企業は含み益を寄付という行為において積極的に

---

9) 例えば、組織再編税制にこの思考がみられる。

活用しているが、仕訳1ではその内容が表現されていない。一方、土地を売却して現金500を受け取り、その現金を寄付した場合であれば、会計処理は仕訳4のようになる。

仕訳4　（現　　金）　500　／（固定資産売却益）400
　　　　　　　　　　　　　　　（土　　地）　　100
　　　　（寄付金）　500　／（現　　金）　　500

仕訳4の貸方には固定資産売却益という科目が登場し、キャピタルゲインの認識が行われている。有償譲渡であれ無償譲渡であれ、含み益の活用ということにおいて異なるところはない。仕訳1はこの点で問題をかかえている。

なお、無償資産譲渡は資産の廃棄とは異なる。やや想定しにくい例であるが、帳簿価額100、時価500の商品を廃棄するケースを考える。この場合の会計処理は仕訳5のようになる。

仕訳5　（商品廃棄損）100　／（商　品）　100

このケースでは不要な商品を処分したというだけであって、当該商品に存在した含み益400を積極的に活用しているわけではない。企業は含み益を放棄したのである。よって、仕訳6のように商品廃棄益400を明示する必要はないといえる。

仕訳6　（商品廃棄損）500　／（商品廃棄益）400
　　　　　　　　　　　　　　　（商　　品）　　100

3　費用収益対応の原則

会計計算では、実現収益と発生費用をそのまま当期の収益および費用

として計上するのではなく、費用収益対応の原則の適用がある。費用収益対応の原則は、犠牲と効果という対応関係のある収益と費用をできるだけ同一期間に計上することで、期間損益計算の適正化をはかるものである。費用と収益を対応させる方法として①費用を収益に合わせる、②収益を費用に合わせる、という2通りが考えられる。制度上は利益の処分可能性を確保するという理由で①が採用され、実現収益が発生費用を限定している。②を採用すると貨幣性資産の裏づけのない時点で利益を計上することになり、処分可能性の点で弊害がある。

さて、税務上の寄付金規定説は、先に借方項目である費用の額を決定し、貸借一致させるように貸方項目である収益の額を決定するという考え方である。これは費用収益対応の原則とは反対の手続きである[10]。仕訳1において借方の寄付金を土地の簿価100ではなく時価500で計上するならば貸方を400増加する必要がある。そこで貸方に固定資産譲渡益400を記入すると、第2の相殺を行わない仕訳3になる。固定資産譲渡益400と寄付金400を同時に計上しても、収益と費用の差額である利益額には影響を及ぼさない。よって、費用が収益を決定するという方式をとっても、利益の処分可能性について問題は生じないことになる。費用を先に決定し、それに見合う収益を計上する方法は会計計算になじみにくいものであるが、無償譲渡については弊害がないといえる。

---

10) 工事進行基準では費用が収益を規定するかたちをとるが、これは工事進捗度の測定に費用発生率を用い、その進捗度を工事契約額に乗じたものである。よって、費用の額を先に決定し、貸借バランスを維持するために収益の額を決定するという議論とは異なる。

Ⅳ 収益・費用の測定

1 収益の測定

　会計計算では収益の測定基準として収入基準を採用している。企業会計原則は「すべての費用及び収益は、その支出及び収入に基づいて計上し」と規定している（損益計算書原則1A）。収入基準は、費用の測定基準である支出基準と同様、取引当事者の合意に基づいて成立した金額をベースとしており、数値の客観性および検証可能性が確保できるという利点がある。無償資産譲渡は収入額がゼロであり、収入基準をそのまま適用すると収益を計上しなくてよいことになる。ただ、無償譲渡は一般的な取引形態とは異なるものであり、収入基準を単純に適用してよいかどうかは検討すべき課題である。

　収益については「出て行く財貨」と「入り来る貨幣」という2面性が存在する。武田隆二教授は、収益とは社会の経済的必要性に対する充足度を示す「出て行く財貨」そのものであって、貨幣数量的に示すために「入り来る貨幣」を測定手段として用いていると述べられている。そして、出て行く財貨に注目すれば、無償資産譲渡についても収益が計上されることになると指摘されている[11]。

　なお、無償による資産の譲渡と逆の行為として、無償による資産の譲

---

11) 武田(隆)（平成16年版）74-76頁。ならびに武田隆二教授の発言、税務会計研究学会（2000）192-193頁。同教授は、企業会計は貨幣の流入や流出の側面にとらわれて議論していると発言されている。

受けがある。企業会計原則は「贈与その他無償で取得した資産については、公正な評価額をもって取得原価とする。」と規定している（貸借対照表原則5F）。無償譲受資産が費用性資産に該当する場合、その費用化額は費用の測定基準である支出基準から逸脱することになる。無償譲渡と無償譲受けの取扱いは必ずしも対応する必要はないが、原則的方法に拘泥しないという会計の弾力的対応を、無償譲受けの会計処理にみることができる。無償資産譲渡による収益計上についても、必要があれば収入基準を柔軟に解したほうがよいであろう。

2　費用の測定

第2の相殺を行い貸方項目の譲渡益を計上しないということは、借方項目である費用の一部を未計上にするということでもある。仕訳1の借方に注目し、寄付金の計上額が土地の帳簿価額100ではなく時価500が妥当であると考えるならば、貸借一致を維持するために貸方側を400増加させ、結果として仕訳3になる。

無償資産譲渡は、①営業外損益ないし特別損益項目に属する資産譲渡取引、②寄付や人件費支払等の取引、の2つが一体化したものであると理解することができる。よって、①と②の両方に配慮した会計処理を採用する必要がある。①についてはⅡ−1でみたように、第1の相殺が正当化される。一方、②については寄付や人件費支払の状況を適切に開示すべきであるが、第2の相殺はその内容を隠してしまう。

会計計算においては、第2の相殺の有無は当期純利益の額には影響しないが、費用の額を変化させる。寄付金は仕訳3では500であるが、仕

訳1では100になる。つまり、会計処理方法の選択による利益額の操作は不可能であるが、費用額の操作は可能である。無償譲渡が人件費の現物支給に該当する場合、第2の相殺は次のような弊害をもたらす。

(ア) 役員に対する高額な報酬や退職金は批判の対象になりやすいが、現物支給であれば高額支給の実態を表面に出さないことができる。

(イ) 利益の額が不変であっても人件費の額が変化すると、労働分配率など人件費にかかわる財務比率が変化し、財務分析に支障が出る。

以上のように、会計計算における第2の相殺は費用の適正計上という点で妥当性を欠く。

ところで、人件費の現物支給はそもそも無償資産譲渡に該当するのか、という疑問が生じる[12]。無償資産譲渡は、①資産を譲渡して対価を受け入れない、という解釈とは別に、②役務の提供を受けた後に対価を現金以外の資産で支払う、というように理解できる場合がある[13]。人件費の現物支給は労働サービスを受け入れたことの対価を現物で支払ったのであり、労働の対価支払が無償取引であると理解するのはまったく問題ないとはいえない。よって、人件費の現物支給は無償による資産の譲渡ではなく、有償による役務の受入れであると考え、有償取引における費用の適正計上の議論としてとらえることもできる。その理解に従うならば、人件費を譲渡資産の時価で計上すべきであるという主張は比較的自然に受け入れられる。

---

[12] 武田昌輔教授は、退職金を現物支給するケースは無償譲渡ではなく有償譲渡であると発言されている。税務会計研究学会（2000）193頁。
[13] 無償資産譲渡の借方項目が寄付金に該当するケースでは、②の解釈を適用することはできない。

3　時価会計

　資産の評価について、従来は取得原価主義がほぼ全面的に採用されていた。取得原価主義のメリットは会計数値の信頼性および検証性の面で優れているということである。ただ、会計制度は取得原価主義から部分的に時価主義に移行している。時価主義は会計情報の有用性の面で優れているとされる。さて、ここでいう時価主義とは「貸借対照表における時価評価」で、ストック計算を重視したものである。時価評価される代表的なものに金融資産がある。金融資産の時価評価は、価格変動等のリスクが増大している状況において、投資家の意思決定ないし企業のリスク管理が適切に行われるためには不可欠であるという理由で採用された。金融資産の時価評価では借方の金額決定を重視している。貸方の処理は評価損益・資本直入など多様である[14]。

　無償資産譲渡における収益計上の議論と上記の時価会計の議論では、時価に関する情報を開示するという点で共通点を有するが、時価で評価・測定する対象が異なる。無償資産譲渡の収益計上はいわば「損益計算書における時価測定」であり、フロー計算を重視している。

　時価評価ないし測定について、「その他有価証券」を例にとって考えてみる。取得原価が100、期末時価が500であれば、現行基準では貸借対照表に500で計上される。評価差額は原則として資本直入され、翌期首に洗い替えられる。貸借対照表上は時価で評価すべきであるが、資産保有を継続する限り評価差額を損益に含めるべきでないという理由で、

---

14) 中居 (2001) 21-25頁。

このような会計処理が採用された。さて、有価証券を翌期中の時価450の時点で従業員に現物支給すると、損益計算書において給与が有価証券の帳簿価額100で計上される。有価証券を貸借対照表に取得原価で計上した以前の基準のもとでは、現物支給にかかる給与を100で計上するのが自然であったといえる。しかし、貸借対照表上で有価証券の時価を積極的に開示するという現行基準の趣旨、ならびに資産保有を中止したという事実に着目すれば、損益計算書における給与の額は100ではなく450で計上するのが適当であろう。

4 測定自体にかかる問題

　無償資産譲渡に時価を適用して収益を計上する場合、取引価額にもとづいて数値を客観的に決定できるわけではない。このように、無償資産譲渡の収益計上は時価算定の困難さという問題をともなう。

　無償譲渡における時価測定の問題は会計監査にもかかわってくる。近年、時価評価項目の増大により、監査において資産の時価を検証する必要性が増している。資産の時価評価については期末監査の時点で当該資産が企業に存在する。それに対し、無償資産譲渡にかかる収益計上については、期末監査の時点で譲渡資産がすでに企業には存在せず、しかも譲渡時の時価を示す証憑も存在しない。よって、時価の妥当性を検証することは困難である。無償譲渡における収益の計上は監査コストを増大させるといえる。

　税務上は現在でも無償資産譲渡について益金算入しており、上述した会計監査の困難さという問題点は税務調査においても生じるはずである。

ただし、税務調査は増差所得につながるような重要項目に限定して実施すればよい。無償譲渡では借方が寄付金に該当するケースが多いため、その処理が課税所得の大きさに影響する可能性が高く、そこに調査の焦点をあてることができる。それに対し、会計監査の目的は財務諸表全体の適正性についての意見表明である。それゆえ、会計監査では税務調査のような、いわば「ピンポイント」の手法はとりえない。

　以上のように、無償資産譲渡に時価を適用して収益を計上することは、時価測定にかかる企業側の問題と、時価検証にかかる監査人側の問題を引き起こし、会計数値の信頼性の低下につながるおそれがある。ここで、会計の信頼性と目的適合性は相互に対立することがある。取得原価主義・実現主義を厳格に適用した従来の制度では会計数値の信頼性が高かったといえるが、最近は信頼性より投資意思決定にかかる目的適合性を重視する傾向があり[15]、部分的に時価主義・実現可能基準に移行している。無償資産譲渡の収益計上については、会計の信頼性と目的適合性のバランスに配慮し、信頼性が多少犠牲になっても、時価による収益計上が目的適合性の向上をもたらす点を考慮することも必要であろう。

---

15) 例として、退職給付会計では多くの予測数値を用いて退職給付債務および退職給付費用を算定する。

V　その他の検討項目

　本節では税務上の有償取引同視説と適正所得算出説を取り上げ、それらを会計計算における事実の描写という点とかかわらせて検討する。
　まず、税務上の有償取引同視説と会計計算の関係であるが、仕訳1について有償取引同視説を適用して表現すると仕訳4になる。有償取引同視説は課税の公平性をはかるため、現金の授受を仮定し、1個の無償取引を2個の有償取引に分解するものである。ただ、この分解は取引の擬制であって、企業活動に関する事実の描写を任務とする企業会計の立場からは受け入れることができない。会計計算でも、伝票会計における一部振替取引のように、取引の擬制がないわけではないが、それは記帳段階の処理であって、財務諸表の作成段階で擬制が行われているわけではない。かりに、仕訳4を前提としてキャッシュ・フロー計算書を作成すると、仕訳1の場合と比べて収入と支出がそれぞれ500過大に計上される。取引の擬制という点に注目するならば、税務上の有償取引同視説と会計計算の関連性は薄いといえる[16]。
　次に税務上の適正所得算出説と会計計算との関係を検討する。適正所得算出説は無償資産譲渡について、正常対価の受入れをともなう有償譲渡としてとらえ直したうえで、課税所得計算を行うものである。第1の

---

[16]　有償取引同視説については、資産売却と現金贈与に時間のズレの存在を想定し、その時間のズレを微小にすれば無償譲渡になるという解釈も可能であろう。ただし、そのような解釈自体も擬制である。

相殺の実施を所与とすれば、適正所得算出説は仕訳1を仕訳7に変換したうえで税務計算を実施することになる。

　　仕訳7　　（現　　金）　500　／　（固定資産売却益）400
　　　　　　　　　　　　　　　　／　（土　　地）　　　100

　適正所得算出説は、企業が特殊な行動をとった場合に「本来ならばこうあるはずである」というように、通常の行動を想定するものである。この考え方は会計計算とは基本的に相いれない。特殊な行動であれ、通常の行動であれ、事実をそのまま描写するのが会計の基本である。会計計算にも適正所得算出説的な思考がまったく存在しないわけではない。実際数値ではなく正常数値を用いて計算を行うこともある。例として、退職給付会計では年金資産の運用収益を実際値ではなく期待値を用いて事前に計算し、また、標準原価計算では標準原価を用いて計算を行う。しかし、いずれについても、計算で用いた数値と実際数値の差異は最終的には調整が行われる。このように、異常な行動を適正な行動に置き換えて課税所得計算を行う税務上の適正所得算出説は、会計とは異質のものであって、会計処理の考察と直接的には結びつかないといえる。

Ⅵ　結　　　論

　無償資産譲渡は税務特有の論点であると理解されることが多く、益金算入の根拠等についてこれまで議論がなされてきた。会計処理については、いかなる方法を採用しても当期純利益に対する影響がないという理由で、それほど熱心に議論されてこなかったようである。しかし、本章で取り上げたような点を考慮するならば、会計処理についても活発な議論が望まれる。

　会計計算において無償資産譲渡にかかる収益を計上することの当否は、第1の相殺と第2の相殺の妥当性という論点に読み替えることができた。会計計算では固定資産ないし有価証券の有償譲渡においても、売却収益と売却原価を相殺して売却益を計上するという方式が採用されている。この第1の相殺はどちらかといえば形式的な色彩が強く、また、有償譲渡と無償譲渡の会計処理の整合性を考慮すると、無償譲渡における第1の相殺の実施は適当であるといえる。しかし、固定資産譲渡益と寄付金等にかかる第2の相殺は、キャピタルゲイン認識の有無という論点、あるいは費用額を適正に計上するという論点と結びつき、第2の相殺の実施はかなりの問題点をかかえているように思われる。

　近年、わが国の会計制度は大きく変化している。収益の認識基準については実現主義が緩和され、資産評価については取得原価主義から部分的ではあるが離脱がはかられ、会計全般において数値の信頼性よりも目的適合性を優先する傾向がある。無償資産譲渡に時価を適用して収益計

上することは、取得原価主義および実現主義が厳格に適用されていた以前の状況では確かに違和感があった。しかし、現在では無償譲渡にかかる収益計上を認める状況が存在するといえ、より柔軟な取扱いをすべきであろう。ただ、時価測定の実施可能性および検証の困難さの点を考慮すれば、無償譲渡による収益計上をすべての企業に強制することは難しいと思われる。

　以上の考察から、無償資産譲渡について次のような会計処理が妥当であると考える。

- 第1の相殺は実施しなければならない。
- 第2の相殺は実施すべきでないが、実施することも容認する。
- 冒頭のケースについていえば、仕訳3が標準処理、仕訳1が代替的処理になる。仕訳2の採用は認められない。

　会計処理の多様化は新たな問題を引き起こす可能性がある。しかし、無償譲渡にかかる収益を計上する仕訳3の採用については、メリットのほうが大きいと思われる。

　企業のリストラ・組織再編成等の増加で、従業員あるいは役員への退職金支給等において無償資産譲渡の形態をとるケースも想定される。また、ストック・オプション制度を採用する企業が増え、その会計処理について整備が進められている。そのような状況のなか、無償資産譲渡についても適正な会計処理方法を示すべきである。権威ある機関が研究報告というかたちで会計処理を公表するのが、現実的な対応であると考える。

【参考文献】

FASB, *Statement of Financial Accounting Concepts No.2, Qualitative Characteristics of Accounting Information*, 1980.

飯野利夫『財務会計論（3訂版）』同文舘、1993年。

金子宏『租税法（第10版）』弘文堂、2005年。

税務会計研究学会「法人課税の『原点』を見つめて（パネル・ディスカッション）」『税務会計研究』11号、2000年。

武田隆二『法人税法精説』森山書店、毎年発行。

富岡幸雄『税務会計学（第5版）』森山書店、1985年。

中居文治「評価損益に対する会計処理方法の理論的根拠の検討」『日本簿記学会年報』16号、2001年。

中村忠『会計学こぼれ話』白桃書房、1990年。

中村利雄『法人税の課税所得計算（改訂版）』ぎょうせい、1990年。

中村利雄「益金の額に算入される収益の範囲」『税務会計研究』3号、1992年。

吉牟田勲「益金の本質」『税務会計研究』8号、1997年。

第6章──中小企業の会計における裁量行動
―税務との関連を中心に―

● はじめに

　会計とは、企業活動を貨幣単位で測定し、その結果を企業の利害関係者に報告するシステムである。会計報告は会計プロセスの最終生産物である財務諸表を用いて行われるが、財務諸表は企業活動が確定すれば自動的・機械的に作成されるようなものではない。会計は「記録と慣習と判断の総合的表現」であるといわれるように、財務諸表を作成する段階では、経営者の判断が深く入り込むのである。このことから、会計には経営者の裁量行動というものが不可避的に発生する。裁量行動はすべての企業において存在するが、その内容や程度は一様ではなく、企業によってかなりの差がある。企業の規模に関していえば、一般に大企業よりも中小企業のほうが、裁量行動が激しいと考えられる。本章では、中小企業の会計における裁量行動について考察を行う。これは直接的には財務会計に関するテーマであるが、税務との関連性という点を重視する。

本章の主たる検討課題は次の2点である。第1点は、中小企業においては裁量を無制限に行うことが可能であるのか、それともなんらかの歯止めが存在し、裁量行動は一定の限度内に抑制されるものなのかということである。第2点は、中小企業の裁量行動に合理性が認められるのかということである。

　本章の構成は以下のとおりである。まずⅠで「中小企業」及び「中小企業の会計」の特徴を簡単に説明したうえで、Ⅱで中小企業の裁量行動の特徴を明らかにする。Ⅲで中小企業の裁量行動の歯止めについて検討を行い、Ⅳで中小企業の裁量行動を経済合理性の観点から評価する。

I 「中小企業」と「中小企業の会計」

1 中小企業の特徴

　中小企業の会計における裁量行動について検討する前に、本節で「中小企業」及び「中小企業の会計」の特徴を明らかにしておく。まず「中小企業」であるが、ここでは中小企業の一般的定義を記述するのではなく、会計の視点から重要と思われる中小企業の特徴を示すことにする。中小企業の特徴としては、以下のようなものが考えられる。

　(ア)　中小企業は所有と経営が分離しておらず、出資者イコール経営者の状態になっていることが多い。なお、この場合においては、出資者であると同時に経営者である者を「所有・経営者」と表現することが可能である。

　(イ)　株式会社は株式を公開し、広く一般大衆から資金を調達することが制度上可能であるが、中小企業は株式会社形態をとっていたとしても、株式を公開せずに閉鎖会社の状態になっていることが多い。

　(ウ)　企業の外部監査として、公認会計士による監査制度が存在するが、中小企業は公認会計士監査が義務づけられていないケースが多い。

2 中小企業の会計の特徴

　本節では、上記のような性格を有する企業を「中小企業」と定義づけ、考察の対象とする。このような中小企業には、会計に関しても大企業とは異なった特徴が存在する。例えば、会計の目的としては「受託責任の

遂行状況の解明」「処分可能利益の計算」「投資意思決定情報の提供」などがあげられることが多いが[1]、これらは大企業を前提としたものであり、中小企業については多少の修正が必要となる。この点を含め、「中小企業の会計」の特徴を整理すると以下のようになる。

(ア) 会計は、所有と経営の分離を前提とした受託・委託関係を念頭に置いて理論構築されることが多い。しかし、中小企業では出資者と経営者が一致しているため、経営者に受託責任が発生せず、「受託責任の遂行状況の解明」は会計の目的から外れることになる[2]。

(イ) 株式を公開している企業であれば、一般投資家に対する「投資意思決定情報の提供」が会計の目的として重要になる。事実、株式公開会社等は財務諸表の記載を含む有価証券報告書や半期報告書を提出しており、それはEDINETを通じて一般に公開されている。また、会計学の研究においては、企業会計を証券市場との関連で取り上げることが多い。しかし、株式を公開していない閉鎖会社の会計を研究対象とする場合は、証券市場との関連を無視することができる。

(ウ) 会計情報に係る利害関係者としては「経営者、従業員、労働組合、外部監査人、債権者、銀行、株主、一般投資家、取引先、税務当局、学生、地元住民」などさまざまな経済主体が考えられる。しかし、中小企業については財務諸表が公表されないため、有価証券報告書

---

1) 新井・白鳥（1991）30頁。
2) ここでは受託・委託関係を株主と経営者の間の問題としてとらえている。株式会社を社会的存在と理解すると、委託者は株主に限定されず、社会のさまざまな経済主体となる。ただし、中小企業の場合は、企業の社会性は大企業ほどには重視されないと考えられる。

を提出している会社のように、誰でも当該企業の財務諸表を入手できるわけではない。中小企業であっても決算公告は義務づけられているが、現実に行っている企業はごく少数である。中小企業の財務諸表を入手可能な者は非常に限定され、会計情報が利害調整のために用いられるケースも限られることになる。これらの点を考慮すると、中小企業では会計情報にかかる利害関係者を「所有・経営者」「税務当局」「銀行」の3者に限定することができる。

II 中小企業の裁量行動

1 裁量行動の内容

　企業の裁量行動は、実体的裁量行動と会計的裁量行動に分類することができる[3]。実体的裁量行動とは、会計事実自体を動かして資源配分を変更させる裁量行動をいう。保有資産を売却して含み益を実現させることは、実体的裁量行動の一例である。一方の会計的裁量行動とは、会計事実を動かさず、それゆえ資源配分は変更させずに、事実の写像たる会計数値だけを変更させる裁量行動をいう。減価償却方法を定率法から定額法に変えるといった会計方針の変更は、会計的裁量行動の一例である。

　実体的裁量行動と会計的裁量行動のうち、大企業と中小企業の間で内容的にきわだった相違があるのは会計的裁量行動のほうであると思われる。中小企業においては、大企業ではみられないような会計的裁量が行われる。その例としては、利益の拡大を意図して、減価償却費や各種引当金を必要額以下しか計上しなかったり、あるいはまったく計上しなかったりするというケースをあげることができる。このような処理は、会計的には粉飾決算として扱われる。公認会計士監査の対象企業であれば適正（適法）な会計処理とは認められず、限定意見が付されることになるため、上記のような処理を行うことは通常は考えにくい。しかし、中小企業においては、外部者による会計監査が存在しないため、そのような処理はしばしば行われる。また、大企業であれば外部から観察しう

---

3) 岡部（1994）52-56頁。

るようなだいたんな裁量行動は社会的な批判を招くことになるが、財務諸表を公表しない中小企業であれば、大企業のように批判されることもない。

　なお、上述したような、会計的には問題のある減価償却費や引当金の過小計上は、税務的はまったく問題にはならない。なぜなら、法人税法は損金算入限度額を定めているだけであり、損金算入額が税法限度額に満たなくても、それは税法に準拠した処理になるからである。逆に、企業が利益の抑制を意図して、会計上で税法限度額を超える減価償却費や引当金を計上している場合に、会計上の費用をそのまま税務上の損金として計上すれば税法規定に反する処理となるが、法人税申告書の別表4で当期純利益に加算し、損金算入額を税法限度額以下に抑えるならば問題は生じない。

2　裁量行動の動機

　ところで、財務諸表の作成に際し、企業の経営者が裁量行動をとる動機はさまざまである。例えば、競合会社に業績の点で負けるわけにはいかないと考え、利益を増加させるような行動をとることもあれば、業界内で自社だけ突出してはならないと考え、利益を減少させるような行動をとることもある。毎期増収増益が達成できるように、利益を平準化させようと試みることもあろう。しかし、中小企業は財務諸表を公表するケースが少ないため、経営者は、自社と競合会社の間の業績の比較、あるいは自社の業績に対する一般投資家の関心といったことはそれほど気にする必要はない。では、中小企業の経営者は何に注目して裁量を行っ

ているのであろうか。それは税務当局と銀行であると考えられる。納税と資金繰りは経営者が非常に関心を有することである。具体的には、納税額を小さくするために会計利益を抑制したいと考える一方、銀行から融資を受けやすくするためにある程度の利益は計上しておきたいと考えるのである。このように、経営者は税務当局と銀行を両にらみしながら、妥当な会計数値を作り上げようとする。

III　裁量行動の歯止め

　大企業は公認会計士監査の対象になっていることが多く、一定の水準を超える会計的裁量行動、すなわち「一般に公正妥当と認められる会計原則」に抵触するような裁量行動についてはチェック機能が働く。他方、中小企業は公認会計士による監査を受けないことが多い。株式会社であれば監査役監査が行われるが、それが会計的裁量行動に対する有効な歯止めになっているとは想定しにくい。では、中小企業においては裁量を無制限に行うことが可能であるのか。それとも、なんらかの歯止めが存在するのか。本節ではこの問題について、「キャッシュ・フロー」及び「確定決算主義」の2点を手がかりにして検討を行う。

1　キャッシュ・フロー

　中小企業は大企業に比べて裁量の余地が大きいといえるが、経営者は会計利益を自由自在に作成できるわけではなく、制約がかかっていると考えられる。その制約はキャッシュ・フローという概念に求めることができる。

　(ア)　Healyは次式のように、会計利益を「営業キャッシュ・フロー」と「発生額」の2つの要素に分解している[4]。

　　会計利益＝営業キャッシュ・フロー＋発生額

　課税所得は、会計利益に申告調整項目を加減して算定されるものであ

---

　4) Healy (1985) p 86.

る。よって、課税所得についてHealyと同様の表現をすると、次式のようになる。

　　課税所得＝営業キャッシュ・フロー＋発生額＋申告調整額

　ところで、公認会計士監査を受けない中小企業であっても、税務調査は受けている。課税所得計算は会計利益計算と同様に、現金主義ではなく発生主義を採用しているため、税務当局は営業キャッシュ・フローだけを税務調査の対象としているわけではない。税務調査の直接的な対象は課税所得である。しかし、営業キャッシュ・フローは、経営者によって会計上・税務上の各種操作が加えられる前の「企業の営業活動」そのものを表しているといえ、税務調査の内容は

① 「営業キャッシュ・フロー」で表現されるような、企業活動に関する事実認定

② 「発生額」「申告調整額」で表現されるような、企業が採用した会計・税務手続きの妥当性の吟味

の2種類に分類することができる。よって、税務調査を実際の手続きの順序ではなく、理論的に整理するならば、①の営業キャッシュ・フローのチェックに続いて②のチェックが行われることになり、事実との関係という点で、①の営業キャッシュ・フローに対するチェックが重視されることがわかる[5]。

　(イ)　会計利益は、営業キャッシュ・フローを実物財や用役のフローに

---

5) ただし、課税所得の過大計上は税収の増加を意味するため、税務調査ではそれほど問題視されない。よって、課税所得の過大計上につながるような営業キャッシュ・フローについては、過小計上につながるものほどにはチェックが有効に機能しないと思われる。

即して年度間に配分し直したものにすぎないから[6]、長期的にみた場合は、会計利益の合計と営業キャッシュ・フローの合計は等しくなる。よって、会計利益は営業キャッシュ・フローから独立したものではない。

(ア)で営業キャッシュ・フローに対するチェック体制が存在し、(イ)で会計利益が営業キャッシュ・フローに従属していることがわかった。したがって(ア)(イ)から、中小企業においても、会計利益がとる範囲には限界があると考えられる。公認会計士による直接的な会計監査は制度化されていなくても、税務調査を通じての間接的な調査は存在し、それが裁量行動の歯止めになっているのである。

2 確定決算主義

わが国では、商法規定に基づく確定決算に調整計算を行って課税所得を誘導的に算定するという「確定決算主義」を採用しており、会計利益と課税所得は通常はそれほど大きく乖離しない[7]。確定決算主義は、形式上は税務計算が会計計算に依存することになっているが、実際には逆の効果、すなわち税法規定が会計処理を拘束するという「逆基準性」を引き起こしている。この点については「税務の会計に対する介入」であるとして、会計サイドから批判されることが多い。確かに、大企業の場合はこの批判が的を射ていることが多々ある。財務会計上で、減価償却費や引当金を一律に税法限度額だけ計上し、会計的にいくら計上すべき

---

6) 斎藤 (1993) 205頁。
7) ただし近年、第1章で取り上げたように、会計計算と税務計算の分離傾向がみられる。

かについて考慮されないといったケースがあるからである。

　しかし、中小企業は公認会計士による会計監査を受けないため、確定決算主義を廃止して会計計算を税務計算から切り離したとしても、会計的に妥当と考えられる金額が財務会計上で計上される保証はないのである。それゆえ、中小企業においては、確定決算主義のデメリットは大企業ほど大きくない。先に述べたように、中小企業の経営者には、税務対策としては利益を抑制し、銀行対策としては利益を拡大したいというインセンティブが働く。そのため、会計利益と課税所得の差異がそれほど大きくならない確定決算主義のもとでは、利益を抑制しようとする力と拡大しようとする力が同時に働くことになる。よって、利益が上方向あるいは下方向のいずれか一方に極端に偏ることが防止され、その結果、利益は適当な値に落ち着くと考えられる。このように、確定決算主義は会計的裁量行動に対する一種の制約になっていると解釈することが可能である。

　この点と前述した税務当局によるチェック体制をあわせて考慮すると、税務と会計が協働して、裁量行動の歯止めとしての機能を果たしているということができる。

Ⅳ　裁量行動の合理性

　Ⅲでみたように、中小企業においても、裁量に対するある程度の抑制機能は働いているが、大企業と比較すると裁量行動は相当激しいと思われる。本節では、中小企業の会計に幅広い裁量が許容されている点が合理的であるか否かについて、検討を行う。Ⅰで、中小企業の会計情報に係る利害関係者は「所有・経営者」「税務当局」「銀行」の３者に限定できることを指摘したが、中小企業の裁量行動をそれら３者にとっての経済合理性という観点から評価する。なお、経済合理性とは「コスト（直接的コスト・取引コストの両方を含む）を最小にする」「ベネフィットを最大にする」といったことを意味する。

1　所有・経営者

　ここでは、中小企業の出資者兼経営者を「所有・経営者」と呼ぶことにするが、「所有・経営者は中立的な立場で、常に実態開示を指向した会計処理を行う」という考え方は採用しない。所有・経営者は自らが最も有利になるような行動をとるものとする。さて、所有・経営者にとっての会計目的としては、経営管理への役立ちという「内部報告目的」と、税務当局や銀行に対する会計情報の提供という「外部報告目的」の２つをあげることができる。

　まず内部報告目的であるが、所有・経営者は会計データをもとに自社の現状を把握し、的確な意思決定を行う必要がある。よって、所有・経

営者が企業実態を正確に把握するためには、会計数値から裁量行動を極力排除したほうが望ましく、そうすることによって、所有・経営者は内部報告についての自己の効用を最大にすることができる。

　次に外部報告目的であるが、経営者には、納税額の節減のために利益を抑制したいというインセンティブが働く一方、銀行から融資を受けるための手続きがスムーズに行われ、融資に係る取引コストを削減できるように、利益を拡大したいというインセンティブが働く。確定決算主義のもとでは、利益抑制と利益拡大という逆方向の２つの力によって、利益は均衡値に落ち着くと考えられるが、この均衡値が外部報告に係る所有・経営者の効用を最大にする会計利益である。この場合において、もし所有・経営者が裁量を自由に行えないような状況にあれば、会計利益がとりうる範囲は限定されることになり、上記の均衡値が達成できなくなるおそれがある。よって、所有・経営者にとっては、幅広い裁量が容認されているほうが、上記の均衡値が達成可能であるという意味で望ましいことになる。

　このように、内部報告目的については裁量を排除したほうが望ましく、外部報告目的については裁量を容認したほうが望ましいという、相反する結果が導かれる。では、内部報告と外部報告をトータルで考えた場合はどうであろうか。所有・経営者は、発生額をプラスマイナスして会計利益に変換する前段階の営業キャッシュ・フローのデータをはじめ、自社に関するあらゆるデータを保持している。それゆえ、規模が小さく業務が比較的単純な中小企業であれば、たとえ会計利益が過度の裁量行動が加わった結果としての数値であったとしても、所有・経営者はその

数値に惑わされることはない。中小企業の所有・経営者は、会計数値を必要に応じて修正して、自社の実態を的確に把握することが比較的容易であり、そうすることによって、効率的な経営を行うことが可能である[8]。したがって、裁量行動を極力排除した会計数値よりも、裁量行動を幅広く受け入れた会計数値のほうが、内部報告目的にかかるメリットをそれほど損なうことなく、外部報告目的にかかるメリットを維持できるという意味で、所有・経営者は高い効用を得ることができる。中小企業の会計には裁量の余地が幅広く残されているが、その点は所有・経営者にとって合理的であると考えることができる。

2　税務当局

　税務当局にとって、企業の財務諸表は課税のための資料という役割を有する。ただし、課税標準となるのは企業の課税所得の額であり、会計利益ではないため、税務当局にとって会計利益の数値はそれ単独では直接的な意味をもたない。財務諸表は課税の中心的な資料ではなく、法人税申告書に対する補足的な資料なのである。よって、会計的に問題があるような利益操作を企業が行ったとしても、それが税法違反につながるような場合を除き、税務上は問題がない。問題になるのは、税務上の損金算入額が税法限度額を超過しているような場合に限られる。

　ところで、税務当局は財務諸表と法人税申告書の両方を見ることによ

---

[8]　企業の規模が大きくなればなるほど、また、業務が複雑になればなるほど、実態を反映していない会計情報が経営者に誤った意思決定を行わせる可能性は高くなると考えられる。

り、企業の経営実態という実質面に加え、会計的裁量という形式面も把握することができる。例として、減価償却費を取り上げてみよう。法人税申告書の別表16(1)『定額法又はリース期間定額法による減価償却資産の償却額の計算に関する明細書』、あるいは別表16(2)『定率法による減価償却資産の償却額の計算に関する明細書』には、会計上の減価償却費計上額と税法上の損金算入限度額の両方が記載される。それゆえ、企業が会計利益の増加を意図して、会計上で減価償却費を税法限度額以下しか計上していない場合には、そのことが別表16(1)(2)に「償却不足額」として明示的に表れる。逆に、利益の抑制を意図して、税法限度額を超過した減価償却費を会計上で計上している場合には、別表16(1)(2)に「償却超過額」が記載されるとともに、別表4『所得の金額の計算に関する明細書』の「減価償却の償却超過額」の欄に同額が記載され、当期純利益に加算される[9]。したがって、会計的に問題があるような利益操作が行われた場合は、そのことが法人税申告書上で明らかになるのである。

3 銀　　行

　企業は銀行から融資を受ける場合、通常は銀行に対して財務諸表を提出する。よって、銀行にとって、企業の会計数値は融資に関する意思決定の材料となる。銀行は融資を行う際に会計情報を用いて企業の財務分析を行い、企業の収益性や支払能力を判断するのであるが、もし会計規制が強化され、企業の会計的裁量行動が抑制されたならば、財務諸表を

---

9) 法人税申告書は税務当局のチェックの対象となるため、その正確性は制度上は一応担保されている。

通じての銀行の企業に対するモニタリングの精度は上昇するであろう。その意味においては、銀行にとって企業の裁量行動は排除されたほうが望ましいことになる。

　ところで、銀行は内部手続き上、利益を計上している会社にしか融資できないといったことが考えられる。このようなケースでは、企業によって作成された「会計利益」が絶対的な基準として一人歩きし、その数値が融資に際して決定的な要因となってしまうのである。この場合に、企業が仮に会計的裁量によって会計利益を増額したならば、どのような影響があるのだろうか。利益操作が行われても企業の経営実態は変化しない。会計利益という形式的な数値が変化するだけである。だが、会計的裁量によって銀行の内部手続きをクリアすることができれば、それは銀行側と企業側の両者にとって融資にかかる取引コストの削減を意味し、経済的には望ましいことになる。

　このように、「モニタリング」と「融資にかかる取引コスト」を別個に取り上げた場合、モニタリングについては裁量行動を排除したほうが、また、融資にかかる取引コストについては裁量行動を許容したほうが、それぞれ望ましいということがありうる。しかし、それら2つを総合的に考えるには、「裁量行動を容認した場合のモニタリングに関するデメリット」と「裁量行動を排除した場合の取引コストの上昇」を比較考量したうえで、裁量の是非を判断する必要がある。

　ここで注意しなければいけないのは、情報の作成者が情報を歪めて伝達したとしても、利用者はどれが虚偽の情報であって、どのように歪められているのかを把握できるのであれば、利用者は真実の情報だけを選

別して、虚偽の情報を捨てることができるため、特に問題は生じないということである[10]。このことから、企業と利害関係者の間が密接であれば、企業が多少バイアスのかかった会計情報を作成・伝達したとしても、利害関係者にとってそれほど大きな弊害は生じないことになる。企業のメインバンクは融資先の企業と緊密な関係を有している。銀行にとって、財務諸表は企業をモニターする有力な手段ではあるが、それが唯一の手段ではない。銀行はより直接的な手段で融資先をモニターすることも可能である。よって、利益操作により財務諸表を通じてのモニタリングの精度が低下したとしても、そのことが銀行にとって致命的な障害にはならないと思われる。また、銀行が財務諸表を通じて融資先の状況を正確にモニターしたい場合には、すでに論じたように、財務諸表と法人税申告書をあわせて見ることによって、企業の経営実態と会計的裁量行動の両方を観察することができる。銀行の立場上、融資先の法人税申告書を入手することは可能であると考えられるが、財務諸表と法人税申告書を併用することによって、モニタリングの精度は確実に高くなる。

　以上の点を考慮すると、「裁量行動を排除した場合の取引コストの上昇」が「裁量行動を容認した場合のモニタリングに関するデメリット」を上回るケースも十分に考えられ、この場合には、銀行にとって企業の裁量行動を容認したほうが望ましいことになる。企業が利益操作を行っている場合、銀行はその事実を知っているケースが多いと思われるが、そのことを問題視しない点については、それなりに経済合理性があると解釈することができる。

---

10) 岡部（1994）27-28頁。

なお、株式会社の会計利益は、配当可能限度額の算定につながるとともに、適正配当額を決定する指標でもある。所有と経営が分離しているケースでは、企業が利益を計上すれば株主からの配当要求が高まることになる。よって、企業が実質的に赤字であるにもかかわらず会計的裁量によって利益を計上し、その結果、株主に対して配当を行うようなことになれば、銀行にとって弊害が大きい。しかし、所有と経営が一致している中小企業では、企業が裁量行動によって利益を計上したとしても、銀行は所有・経営者を直接コントロールすることにより、配当をストップさせることが可能である。

V　結びにかえて

　会計規制を強化し、企業の裁量行動を抑制すべきであるという見解がある。確かに、大企業についてはその見解が適切であることは多い。利害関係者の数が多く、企業と利害関係者の間の隔たりが大きければ、各利害関係者が企業に及ぼす影響力は弱く、財務諸表以外のモニタリングの手段も限られる。よって、大企業については、利害関係者間の調整が効果的に行われ、モニタリングの実効性が高まるように、企業の裁量行動を抑える必要性は強い。会計基準の最近の動向をみると、企業の会計的裁量を抑制する方向での改正がなされている。しかし、大企業と比べて利害関係者の数と範囲が限定される中小企業の場合は、「会計規制を強化し、裁量の余地を狭めると、どのようなメリットがあるのか」という最も基本的な問いに答えるのはそれほど容易なことではない。裁量行動を必要以上に排除すれば、銀行からの融資がスムーズに行われなくなるなどのデメリットが顕在化する。会計には取引コストを削減するという機能があるが、会計数値が逆に取引コストを増大させてしまう可能性もある。

　税務と会計が協働して裁量行動に歯止めをかけていることを含め、総合的に判断すれば、中小企業については裁量行動を抑制することが一概に望ましいとはいえない。中小企業に公認会計士監査が義務づけられておらず、裁量の余地が大きくなっていることも、それなりに合理性があるものと思われる。

なお、中小企業を取り巻く状況には変化が生じている。2005年に制定された会社法は会計参与の制度を新たに導入した。同年には、日本税理士連合会・日本公認会計士協会・日本商工会議所・企業会計基準委員会の4団体から「中小企業の会計に関する指針」が公表された。無担保でかつ経営者の個人保証を求めない中小企業向け融資が行われつつあるなか[11]、中小企業の会計情報について質を向上させることの要請が以前より強まっていることは事実である。

　ただ、「中小企業の会計に関する指針」が公表されたこと自体、大企業と中小企業の間で会計的裁量の幅が異なることを容認したと解釈することも可能であろう[12]。「企業の規模」と「会計的裁量の許容幅」の関係については、今後も検討を続ける必要があろう。

---

11) 日本経済新聞2005年10月28日。
12) 安藤英義教授は「中小企業の会計に関する指針」について、ダブルスタンダードではなくシングルスタンダードの建て前のもとで、中小企業の指針を作成したものであるとコメントされている。安藤(2005) 98頁。

【参考文献】

Healy, P. M., "The Effect of Bonus Schemes on Accounting Decisions". *Journal of Accounting and Economics*. 7, 1985.

新井清光・白鳥庄之助「日本における会計の法律的及び概念的フレームワーク」『JICPAジャーナル』3巻10号、1991年。

安藤英義「『中小企業の会計に関する指針』をめぐって」『企業会計』57巻11号、2005年。

岡部孝好『会計報告の理論』森山書店、1994年。

小林秀之・神田秀樹『「法と経済学」入門』弘文堂、1986年。

斎藤静樹編著『財務会計』有斐閣、1993年。

第7章──確定決算主義の
        モデル分析

● はじめに

　わが国の税体系は所得を課税ベースとするものが中心をなしている。法人税は所得課税を法人に求めたものであるが、その課税標準である課税所得の算定方式には第1章で取り上げたように、独立方式と確定決算主義が存在する。独立方式は、商法規定による確定決算とは別個に、税法固有の計算規定によって課税所得額を独自に計算する方式をいう。一方の確定決算主義は、商法規定による確定決算をもとに、これに調整計算を行って課税所得額を誘導的に算出する方式をいう[1]。会計計算と税務計算[2]の関係という観点からいえば、独立方式は会計計算と税務計算

---

1) 中村（1992）45頁。
2) わが国には商法会計・証取法会計・税務会計の3つの会計制度が存在する。このうち、商法会計と証取法会計の貸借対照表と損益計算書は、表示方法の違いはあるが実質的な内容はまったく同じである。よって、本章では商法会計と証取法会計をまとめて「会計計算」として取り扱う。また、税務会計のことを「税務計算」とよぶことにする。

が別個独立に存在するシステムであり、確定決算主義は会計計算と税務計算がお互いに依存するシステムであるということになる。わが国では法人税の課税システムとして確定決算主義を採用している。ただし、確定決算主義は全面的に肯定されているわけではなく、その是非は従来から論争の対象になっている。

　本章では、会計計算・税務計算のコストとベネフィットに焦点をあて、経済的な視点から確定決算主義の考察を行う。本章の目的は、(ア)確定決算主義を表現する単純なモデルを構築すること、ならびに、(イ)構築したモデルに基づいて確定決算主義に関するいくつかの論点に若干の検討を加えることの2点である。近年、契約理論や情報の経済学など応用的な経済理論を用いた会計研究が盛んに行われているが[3]、本章はより伝統的で基本的なミクロ経済学の手法を用いて会計制度を分析することの1つの試みでもある。

3）契約理論を用いて確定決算主義を検討したものとしては鈴木（1996）がある。

I モデルの構築

1 準備作業

　本節では、独立方式あるいは確定決算主義のことを表現するモデルの構築を行う。その前に準備作業として、会計計算の手続きを次の２つのプロセスに分けることにする。

　(ｱ)　生じた取引をデータとして記録する
　(ｲ)　記録されたデータを会計計算の目的に合うように加工する

　(ｱ)は期中取引の仕訳などが該当し、(ｲ)は決算整理などが該当する。(ｱ)で重要なのは取引事実をもれなく忠実に記録することであり、そこでキーとなる概念は「データの正確さ」である。また(ｲ)で重要なのは会計計算の目的にできるだけ適合するように加工することであり、そこでのキー概念は「目的適合性」である。ここで「データの正確さ」と「目的適合性」はそれぞれ独立した概念であることを注意しておきたい。例えば、期中取引については非常に正確に会計処理を行っているが、減価償却費や引当金については会計的にいくら計上すべきかを考慮せず一律に税法基準で計上しているような場合は、会計計算の「データの正確さ」は高いが、会計計算の「目的適合性」は低いということになる。

　税務計算の手続きについても会計計算と同様に２つのプロセスに分け、税務計算の「データの正確さ」「目的適合性」という概念を考えることにする。

2 完全な独立方式

1の内容をふまえて、モデルの構築にとりかかる。最初に独立方式を取り上げるが、ここでは会計計算と税務計算がお互いに完全に独立している極端なケースを想定する。記号を次のように定義する。

x_a ：会計計算のデータの正確さ
$B_a(x_a)$ ：独立方式のもとでの会計計算のベネフィット
$C_a(x_a)$ ：独立方式のもとでの会計計算のコスト
$NB_a(x_a)$：独立方式のもとでの会計計算のネットベネフィット
x_t ：税務計算のデータの正確さ
$B_t(x_t)$ ：独立方式のもとでの税務計算のベネフィット
$C_t(x_t)$ ：独立方式のもとでの税務計算のコスト
$NB_t(x_t)$：独立方式のもとでの税務計算のネットベネフィット

企業が会計計算を行うことによって、投資意思決定情報の提供や利害関係者間の調整など、さまざまなベネフィットが発生する。ただ、会計計算には経理担当者の給料や監査費用などのコストが伴う[4]。会計計算のベネフィットとコストはともに、会計計算のデータの正確さを独立変数とする関数であり、その形状は図7-1において実線で示されている。x_aが上昇するにつれてB_aとC_aの値はともに上昇するが、x_aが上昇す

---

4) 会計計算のベネフィットとコストには、本文で例示したような直接的なもの以外に、財務諸表の開示によって経営者が利益（あるいは不利益）を受けるといった、より間接的なものも存在する。しかし、本章では議論を単純にするため、直接的なベネフィットとコストに限定する。

B_a, C_a
B_a^*, C_a^*

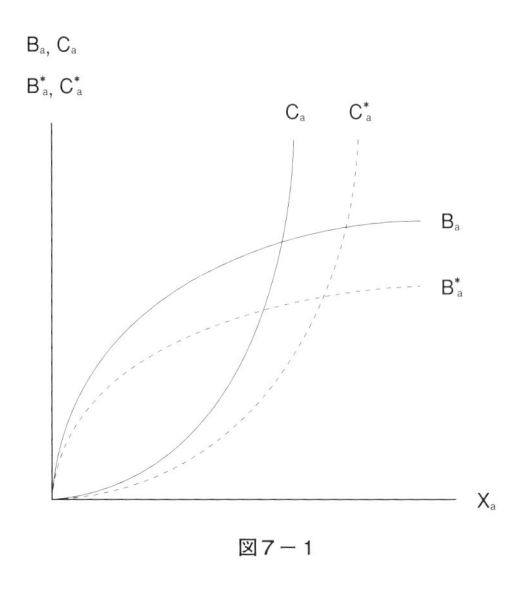

C_a　C_a^*

B_a

B_a^*

X_a

図7−1

るにつれて限界ベネフィット（x_aが1単位上昇するとき追加的に発生するベネフィット）は逓減する一方、限界コスト（x_aが1単位上昇するとき追加的に発生するコスト）は逓増すると考えられる。データの正確さが低い状況では正確さが上昇することによるメリットは大きいが、正確さが高い状況でさらに正確にしてもあまりメリットはない。また、データの正確さが低い場合は比較的小さなコストで正確さを上昇させることができるが、すでに高い水準に達している状況でさらに正確さを上昇させるには大きなコストが必要となる。なお、会計計算のネットベネフィットに関しては

$$NB_a(x_a) = B_a(x_a) - C_a(x_a) \quad \cdots\cdots ①$$

という式が成立する。

次に税務計算であるが、税務計算のベネフィット曲線とコスト曲線に

ついても会計計算の場合と同様の形状をもつと考えられる。また、税務計算のネットベネフィットについては

$$NB_t(x_t) = B_t(x_t) - C_t(x_t) \quad \cdots\cdots ②$$

という関係が成り立つ。

3 完全な確定決算主義

続いて確定決算主義を取り上げる。ここでは会計計算と税務計算が完全に一致している極端なケースを念頭に置く。まず記号を次のように定義する。

$B^*_a(x_a)$ ：確定決算主義のもとでの会計計算のベネフィット

$C^*_a(x_a)$ ：確定決算主義のもとでの会計計算のコスト

$NB^*_a(x_a)$：確定決算主義のもとでの会計計算のネットベネフィット

$B^*_t(x_t)$ ：確定決算主義のもとでの税務計算のベネフィット

$C^*_t(x_t)$ ：確定決算主義のもとでの税務計算のコスト

$NB^*_t(x_t)$：確定決算主義のもとでの税務計算のネットベネフィット

確定決算主義のもとで会計計算と税務計算が一致するということは、会計計算には税務計算とは異なった独自の目的が存在するにもかかわらず、会計計算はその目的を貫徹できなくなることを意味する。その結果、会計計算の目的適合性は低下するため、x_aが同一水準であれば、確定決算主義のもとでの会計計算のベネフィットは独立方式の場合よりも小さくなる。このことは、

$\overline{J}$：会計計算のベネフィットの低下を示す定数

ただし、$0 < \overline{J} \leq 1$

と定義すれば[5]、

$$B^*_a(x_a) = \bar{J} \cdot B_a(x_a) \quad \cdots\cdots ③$$

という式で表現することができる。

　また、独立方式のもとでは会計計算と税務計算の別個の2種類の計算が必要になるのに対し、確定決算主義のもとでは1つの共通計算だけを行えばよい。したがって、会計計算のコストと税務計算のコストの合計を考えた場合、確定決算主義のもとでのコスト合計は独立方式のもとでのコスト合計よりも小さくなる。すなわち、x_aとx_tの値を固定した場合

$$C^*_a(x_a) + C^*_t(x_t) < C_a(x_a) + C_t(x_t) \quad \cdots\cdots ④$$

という不等式が成立する。ここで、確定決算主義を採用した場合のコスト合計の節約分は、会計計算のコスト節約分と税務計算のコスト節約分に分けて考えることができる。それゆえ、確定決算主義のもとでの会計計算のコストは独立方式の場合よりも小さくなる。この点については、

　　$\bar{K}$：会計計算のコストの低下を示す定数

　　　　ただし、$0 < \bar{K} \leq 1$

と定義すれば、

$$C^*_a(x_a) = \bar{K} \cdot C_a(x_a) \quad \cdots\cdots ⑤$$

という式が成り立つ。図7-1には、曲線B_aと曲線C_aが実線で、また曲線B^*_aと曲線C^*_aが点線で示されている。曲線B^*_aは曲線B_aの下方に、

---

[5] 確定決算主義のもとでの会計計算のベネフィットが独立方式の場合と変わらないケースも想定できるため、$\bar{J} = 1$となる可能性を排除していない。$\bar{K}$、$\bar{L}$、$\bar{M}$についても同様である。

また曲線C^*_aは曲線C_aの下方にそれぞれ位置している。本章では確定決算主義のことをこのように、ベネフィット曲線とコスト曲線の下方シフトと解する。

また、会計計算のネットベネフィットについては③⑤から

$$NB^*_a(x_a) = \bar{J} \cdot B_a(x_a) - \bar{K} \cdot C_a(x_a) \quad \cdots\cdots ⑥$$

という式が成立する。

税務計算についても会計計算の場合と同様の議論が成り立つ。すなわち、

　　$\bar{L}$：税務計算のベネフィットの低下を示す定数

　　　　ただし、$0 < \bar{L} \leq 1$

　　$\bar{M}$：税務計算のコストの低下を示す定数

　　　　ただし、$0 < \bar{M} \leq 1$

と記号を定義すれば、

$$B^*_t(x_t) = \bar{L} \cdot B_t(x_t) \quad \cdots\cdots ⑦$$
$$C^*_t(x_t) = \bar{M} \cdot C_t(x_t) \quad \cdots\cdots ⑧$$

となる。税務計算のネットベネフィットについては⑦⑧から

$$NB^*_t(x_t) = \bar{L} \cdot B_t(x_t) - \bar{M} \cdot C_t(x_t) \quad \cdots\cdots ⑨$$

が成り立つ。

なお、独立方式と確定決算主義の優劣は、会計計算については①のNB_aと⑥のNB^*_aの値の大小、税務計算については②のNB_tと⑨のNB^*_tの値の大小によって判断できるが、この大小はさまざまな条件に依存する。例えば会計計算については、関数$B_a(x_a)$、$C_a(x_a)$の形状、定数$\bar{J}$、$\bar{K}$の値、x_aの現状値によって条件づけられる。

4　現実の確定決算主義

2では「会計計算と税務計算がお互いに完全に独立しているケース」を、3では「会計計算と税務計算が完全に一致しているケース」を取り上げた。しかし、現実の制度はこのような極端なものではない。わが国では確定決算主義が採用されているが、会計計算と税務計算が完全に一致しているわけではなく、課税所得の算定に際しては会計利益の金額に申告調整項目を加減算する必要がある。すなわち、現実は2のケースと3のケースの中間なのである。そこで、3の議論を修正して現実的妥当性を高めるために、次のように記号を定義する。

　α：会計計算と税務計算の結びつきの強度

　　ただし、$0 \leq \alpha \leq 1$

αの値が大きいほど両計算の結びつきが強いことを意味する。$\alpha = 0$は両計算が完全に独立しているケースを、$\alpha = 1$は両計算が完全に一致しているケースをそれぞれ示す。αという概念を導入した場合は次のようになる。

(ア)　αの値が大きくなるにつれて、会計計算と税務計算がお互いに拘束し合う力が強くなるため、それぞれの計算の制約が増す。それゆえ、会計計算および税務計算の目的適合性は低くなり、両計算のベネフィットはともに低下する。

(イ)　αの値が大きくなるにつれて、会計計算と税務計算の共通部分が増すため、両計算のコストの合計は小さくなる。それゆえ、会計計算のコストおよび税務計算のコストはともに低下する。

3では、確定決算主義を採用したときの会計計算・税務計算のベネフィットおよびコストの低下の度合は$\overline{J}$、$\overline{K}$、$\overline{L}$、$\overline{M}$という定数であると考えた。しかし、αという概念を導入した場合は低下度合はもはや定数ではない。低下度合自体がαの変化にともなって従属的に変化する関数になるのである。

　そこでまず、会計計算のベネフィットとコストの低下について、$\overline{J}$、$\overline{K}$という定数のかわりに

　　J(α)：会計計算のベネフィットの低下を示す関数

　　　　ただし、$\overline{J} \leq J(\alpha) \leq 1$、$\dfrac{dJ(\alpha)}{d\alpha} \leq 0$、$J(0) = 1$、$J(1) = \overline{J}$

　　K(α)：会計計算のコストの低下を示す関数

　　　　ただし、$\overline{K} \leq K(\alpha) \leq 1$、$\dfrac{dK(\alpha)}{d\alpha} \leq 0$、$K(0) = 1$、$K(1) = \overline{K}$

という関数を設けることにする[6]。関数J(α)、K(α)を導入すると、③⑤にかわって

　　$B^*_a(x_a, \alpha) = J(\alpha) \cdot B_a(x_a)$　　　　　　・・・・・・⑩

　　$C^*_a(x_a, \alpha) = K(\alpha) \cdot C_a(x_a)$　　　　　　・・・・・・⑪

という式が成立する。

　⑩⑪については図7-1で説明することができる。曲線B^*_aと曲線C^*_aはそれぞれα=0のとき図7-1の実線に一致するが、αの値が大きく

---

[6] αの変化が会計計算のベネフィットに及ぼす影響の度合と、会計計算のコストに及ぼす影響の度合いが同じであれば、例えばT(α)という関数を設け、その同一の関数を$B_a(x_a)$と$C_a(x_a)$に乗じればよい。しかし、本章では影響の度合いがそれぞれ異なると想定しているため、J(α)、K(α)という別個の関数を設定する。

なるにつれていずれも下方へとシフトしていき、$\alpha = 1$のとき点線に一致することになる。また、会計計算のネットベネフィットは⑩⑪から

$$NB^*_a(x_a, \alpha) = J(\alpha) \cdot B_a(x_a) - K(\alpha) \cdot C_a(x_a) \quad \cdots\cdots ⑫$$

という式で示すことができる。

税務計算についても会計計算の場合と同様に

　$L(\alpha)$：税務計算のベネフィットの低下を示す関数

$$\text{ただし、} \underline{L} \leq L(\alpha) \leq 1、\frac{dL(\alpha)}{d\alpha} \leq 0、L(0) = 1、L(1) = \underline{L}$$

　$M(\alpha)$：税務計算のコストの低下を示す関数

$$\text{ただし、} \underline{M} \leq M(\alpha) \leq 1、\frac{dM(\alpha)}{d\alpha} \leq 0、M(0) = 1、M(1) = \underline{M}$$

という関数を設定すると、⑦⑧にかわって

$$B^*_t(x_t, \alpha) = L(\alpha) \cdot B_t(x_t) \quad \cdots\cdots ⑬$$
$$C^*_t(x_t, \alpha) = M(\alpha) \cdot C_t(x_t) \quad \cdots\cdots ⑭$$

という式が成り立つ。したがって、税務計算のネットベネフィットは⑬⑭から

$$NB^*_t(x_t, \alpha) = L(\alpha) \cdot B_t(x_t) - M(\alpha) \cdot C_t(x_t) \quad \cdots\cdots ⑮$$

と表現することができる。

なお、⑫⑮に$\alpha = 0$を代入すると①②に、$\alpha = 1$を代入すると⑥⑨にそれぞれ一致する。したがって、⑫⑮は完全な独立方式および完全な確定決算主義をも包含する、より一般的なモデルであるといえよう。

第7章　確定決算主義のモデル分析

II　確定決算主義に関する論点

　確定決算主義に関しては多くの論点が存在する。ここでは、それらのうちのいくつかについて、前節のモデルに準拠して検討を行うことにする。

1　確定決算主義廃止論の吟味

　確定決算主義については、税務サイド（例として税法学者、税理士）よりも会計サイド（例として会計学者、公認会計士）のほうに廃止すべきという意見が強いように思われる。確定決算主義は税務計算が会計計算に依存するというかたちをとっているが、実際には逆の効果、すなわち特定の内部取引等について税法規定が会計処理を事実上拘束する「逆基準性」の問題が生じる[7]。会計サイドを中心とする確定決算主義廃止論者は、この逆基準性を根拠にして確定決算主義を批判するのである。

　端的に言えば、確定決算主義のメリットは会計計算および税務計算のコストの低下であり、デメリットは会計計算および税務計算のベネフィットの低下である。会計サイドが特に関心を有するのは会計計算のベネフィットとコストであるが、このうち会計計算のベネフィットについては、逆基準性に対する批判からもわかるように、会計計算と税務計

---

[7] 例として、減価償却費を税務上損金算入するには会計上も損金経理する必要があるが、会計上で計上すべき金額が税務上の損金算入限度額を下回っている場合に、税務上の恩典を受けるため、損金算入限度額全額を会計上でも費用計上するケースが生じる。

算の結びつきが強くなるにつれて、会計計算のベネフィットが低下することをはっきり認識しているものと思われる。このことは図7-2のように、$J(\alpha)$が減少関数であることを意味する。

　これに対して、会計計算のコストについてはどうであろうか。確定決算主義のもとでの会計計算と税務計算のコスト合計が独立方式のもとでのコスト合計よりも小さくなるということについては、会計サイドも異論はないはずである。しかし、現行の法人税申告書の別表4が会計上の当期純利益に申告調整項目を加減算して税務上の所得金額を算定する様式を採用していることから、会計サイドは「税務計算が一方的に会計計算に依存しているのであって、確定決算主義によるコスト低減のメリットは税務計算だけにあり、会計計算にはない」と考えているのではないだろうか。このように、確定決算主義によるコスト節約分がすべて税務計算に割り当てられると認識しているのであれば、図7-3のように、$M(\alpha)$は減少関数である一方、$K(\alpha)$の値は常に1に等しくなる。

　以上のように、会計サイドが、確定決算主義がもたらす会計計算のベネフィットの低下は認識しつつも、会計計算のコストの低下は認識していないならば、確定決算主義の導入は会計計算のネットベネフィットの低下を引き起こすという考え方につながる。結果として、会計サイドに確定決算主義に対する否定的な見解が生まれることになるのである。

　なお、税務サイドのほうには確定決算主義に対する否定的な意見はそれほど強くないように思われる。法人税申告書が上述したような様式であることから、税務サイドは「確定決算主義のもとでは税務計算は会計計算に依存しており、確定決算主義によるコスト低減のメリットが税務

図7-2

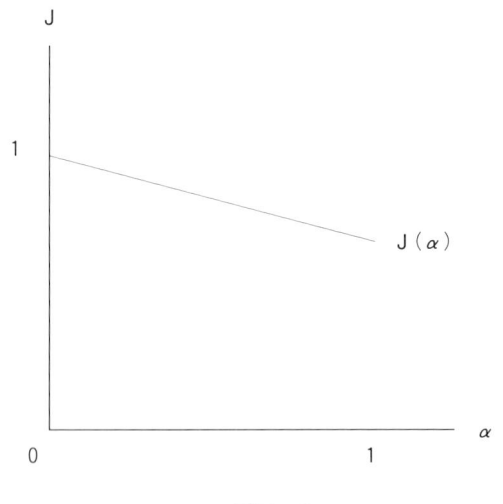

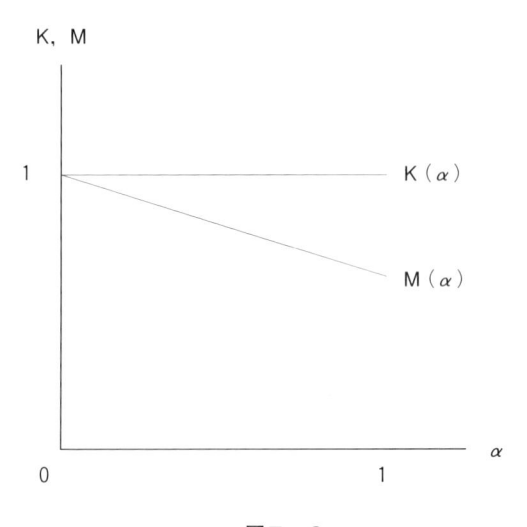

図7-3

計算にある」ということ、すなわち、図7-3のように、M(α)が減少関数であることを明確に認識しているのであろう。

2　企業規模と確定決算主義

会計計算と税務計算の結びつきの強度を示すαの値が変化すると会計計算のベネフィット曲線とコスト曲線はともにシフトするが、図7-1からもわかるように、x_aが大きいほど、αの変化がB_aとC_aの値に及ぼす影響は増大する。同様に、税務計算についてはx_tが大きいほど、αの変化がB_tとC_tの値に与える影響は増大する。

ここで、x_aとx_tの水準は個々の企業によって異なるが、企業の規模に関していえば、一般に次のような傾向が認められる[8]。

(ア)　大企業は公認会計士監査が義務づけられているため、x_aは比較的大きい。しかし、中小企業は公認会計士監査が義務づけられていないことが多く、x_aは比較的小さい。

(イ)　税務調査はすべての企業が対象になるため、大企業であれ中小企業であれ、x_tは比較的大きい。

大企業と中小企業の間で大きさが異なるのはx_aのほうである。大企業はx_aが大きいため、αの変化がB_aとC_aの値に与える影響は大きい一方、中小企業はx_aが小さいため、αがB_aとC_aの値に及ぼす影響は大企業ほど大きくはならない。したがって、確定決算主義を中小企業に焦点

---

[8]　αの値が上昇すると、会計計算と税務計算の間で共有するデータが増加するため、実際にはx_aの値とx_tの値の乖離は小さくなる。しかし、本章ではこの点を明示的に取り扱っていない。

をあてて検討する場合は、会計計算よりもむしろ税務計算のコスト・ベネフィットに対する影響を重視すべきであると思われる[9]。

3　税効果会計と確定決算主義

　税効果会計は、会計上の収益・費用と税務上の益金・損金の認識時点の相違などにより、会計上の資産・負債の額と税務上の資産・負債の額に相違がある場合、法人税等の額を会計上で適切に期間配分する手続きである。わが国では以前は、税効果会計は個別財務諸表には適用することができず、連結財務諸表で任意に適用されてきたが、現在では個別財務諸表・連結財務諸表とも税効果会計が適用されている。

　税効果会計を採用した場合は、そうでない場合に比べて財務諸表の有用性は上昇すると考えられる。したがって、会計計算のベネフィット曲線は上方にシフトすることになり、x_aが不変であればB_aの値は上昇する。しかし、税効果会計はかなり複雑な計算が必要となるため、会計計算のコスト曲線も同時に上方にシフトし、C_aの値も上昇することになる。これらのことから、本章の文脈に即して言えば、税効果会計の導入は会計計算にとって、ベネフィット曲線とコスト曲線の両方を上方にシフトさせるという点で、αの値を小さくすることと同様の効果をもつ。なお、税効果会計は会計計算にかかわるものであるため、税効果会計の採用は税務計算のベネフィット曲線とコスト曲線には特に影響を及ぼさない。

9）αの変化によって会計計算（あるいは税務計算）のベネフィットとコストがそれぞれ大きく変化しても、両者の変化の大きさが等しく、ネットベネフィットが変化しないケースも考えられないことはない。

米国のように会計計算と税務計算が分離しており、αの値が小さい場合には、税効果会計を導入してベネフィット曲線とコスト曲線の両方を上方にシフトさせることは、その結果NB_aの値が上昇するのであれば意味がある。しかし以前のわが国のように、会計計算と税務計算が強く結びついており、αの値が大きい状況のもとで税効果会計を導入すると、

(ア)　$\alpha = 0$のときの会計計算のベネフィット曲線とコスト曲線をいったん下方にシフトさせ（確定決算主義の影響）

(イ)　その後、ベネフィット曲線とコスト曲線を再び上方にシフトさせる（税効果会計の影響）

ということになり、その意味内容を理解するのは多少困難になる。

　わが国で税効果会計が全面適用されるようになった前段階として、1998年度の法人税法改正は会計計算と税務計算の分離傾向をもたらした。その点は指摘しておく必要があろう。

4　結合強度の最適水準

　「会計計算の立場から、会計計算と税務計算の結びつきの強さが最適である水準」を求める問題は、⑫のNB_a^*が最大となるようなαを求める問題として設定することができる。⑫がαに関して最大であるためには、x_aの値が不変であるとすれば、NB_a^*をαで偏微分したものがゼロにならなければならない。すなわち、

$$\frac{dJ(\alpha)}{d\alpha} \cdot B_a(x_a) = \frac{dK(\alpha)}{d\alpha} \cdot C_a(x_a) \quad \cdots\cdots ⑯$$

を満たすαが最適水準となる。⑯の両辺はそれぞれ、αを1単位増加し

たときの会計計算のベネフィットの低下分とコストの低下分を表す。また「税務計算の立場からの最適水準」についても⑮から同様に、

$$\frac{dL(\alpha)}{d\alpha} \cdot B_t(x_t) = \frac{dM(\alpha)}{d\alpha} \cdot C_t(x_t) \quad \cdots\cdots ⑰$$

という関係が導かれる。

このように会計計算と税務計算を別個に検討した場合は、αの最適水準として異なった値が導かれる。しかし、実際に存在するαは１つであるため、社会選択の問題としては会計計算と税務計算をあわせた社会的ネットベネフィット（以下、NB_{social}と表記する）の最大化の観点からαの値を検討する必要がある。NB_{social}は

$$NB_{social} = NB(NB^*_a, NB^*_t)$$

という、NB^*_aとNB^*_tを要素とする一般的な関数で表現することができる。この関数を特定するにはある種の価値判断が必要となるが、例えば会計計算と税務計算のウエイトが同じであって、

$$NB_{social} = NB^*_a + NB^*_t$$

という特殊なかたちで定式化できると仮定するならば、⑫⑮から

$$NB_{social}(x_a, x_t, \alpha) = \{J(\alpha) \cdot B_a(x_a) + L(\alpha) \cdot B_t(x_t)\}$$
$$- \{K(\alpha) \cdot C_a(x_a) + M(\alpha) \cdot C_t(x_t)\} \quad \cdots\cdots ⑱$$

となる。したがって、x_aとx_tの値が不変であるならば

$$\frac{dJ(\alpha)}{d\alpha} \cdot B_a(x_a) + \frac{dL(\alpha)}{d\alpha} \cdot B_t(x_t)$$
$$= \frac{dK(\alpha)}{d\alpha} \cdot C_a(x_a) + \frac{dM(\alpha)}{d\alpha} \cdot C_t(x_t) \quad \cdots\cdots ⑲$$

という関係を満たすαが社会的にみて最も望ましい水準となる。⑲

の左辺はαを1単位増加したときの社会的ベネフィット（会計計算のベネフィットと税務計算のベネフィットの合計）の低下分、また、⑲の右辺はαを1単位増加したときの社会的コスト（会計計算のコストと税務計算のコストの合計）の低下分である。

　以上のように、会計計算と税務計算の結びつきの強さの最適水準は、関数$J(\alpha)$、$K(\alpha)$、$L(\alpha)$、$M(\alpha)$、$B_a(x_a)$、$C_a(x_a)$、$B_t(x_t)$、$C_t(x_t)$の形状、またx_a、x_tの現状値といった多くの要素に条件づけられる。確定決算主義の是非を社会的な観点から論じる場合は、この点を理解したうえで、逆基準性という言葉で表現されるような会計計算のベネフィットへの影響だけでなく、会計計算のコストへの影響、ひいては税務計算のベネフィットとコストへの影響にも目を向ける必要があろう。

Ⅲ　結びにかえて

　確定決算主義については、以前から多くの論者によって検討がなされており、それは現在でも続いている。本章では、経済的な視点から確定決算主義についての考察を試みた。ここで用いたモデル自体は非常にシンプルなものであるが、これまでの議論とは多少異なった角度から確定決算主義について検討することができ、確定決算主義を考察する際に注目すべき点もある程度明確になったのではないかと思われる。

　より厳密な議論を行うためには、αの変化がx_aやx_tの値に及ぼす影響を明示的に取り扱うなど、モデルをより精緻なものにする必要があるが、それは今後の課題としたい。

【参考文献】
鈴木一水「契約理論にもとづく確定決算主義の評価」『総合税制研究』4巻、1996年。
武隈慎一『ミクロ経済学（増補版）』新世社、1999年。
中村宣一朗『会計規制』税務経理協会、1992年。

第8章───会計と税務の比較検討
─ゲーム論的考察─

● はじめに

　企業における会計と税務は、複式簿記をベースとするなどの共通点があるが、相違点も多く存在する。両者の比較については多くの研究の蓄積があるが、本章では従来の研究とは少し角度を変え、経済的な視点から会計と税務を対比する。本章では「会計」とは証取法会計の利益計算、「税務」とは法人税の課税所得計算をさすものとして、議論を展開する。また、会計および税務にかかわる経済主体は多様であるが、会計については「企業」と「投資家」、税務については「企業」と「税務当局」に限定して、考察を行う。なお、考察にあたりゲーム理論の考え方を取り入れる[1]。

　本章の構成は次のとおりである。Ⅰで会計と税務に関する制度の概要

---

1) ゲーム理論の諸概念についてはGibbons（福岡・須田訳　1995）を参考にした。

を整理したうえで、ⅡとⅢで経済的な視点から両者を対比する。その際、Ⅱでは会計利益および課税所得という数値がもつ意味、Ⅲでは会計および税務にかかる規制の特徴に焦点をあてる。

Ⅰ　制度の概要

　本節では企業における会計と税務の概要を示す。両者はいずれも社会的な制度として実施され、規制が加えられている。規制は会計基準・監査システム・罰則規定という手段で構成される。

1　会　　計

　証券取引法の目的は投資家の適正な意思決定を可能にし、資本市場を有効に機能させることである。それをうけ、証取法会計は投資意思決定に有用な企業情報の開示を目的とする。

［会計基準］　会計基準が存在しなければ企業は会計手続きを自由に選択することができるのに対し、会計基準が存在すると企業の会計手続きは一定の範囲に限定される。会計においては企業会計原則・企業会計原則注解など、一般に公正妥当と認められる会計基準が存在し、企業はそれらに準拠して会計処理ならびに財務諸表の作成を行なわければならない。

［監査システム］　企業の会計処理および報告が会計基準に準拠しているか否かを検証する財務諸表監査が、企業とは独立の第三者である公認会計士によって実施される。なお会計基準は、企業にとって会計処理を行う際の指針であると同時に、公認会計士が企業の財務諸表について適正

か不適正かの判断を行う際の指針でもある。

［罰則規定］　企業が会計基準から逸脱した手続きを選択すれば罰則が課される。会計に関する罰則の例として、粉飾決算を行った企業には公認会計士から不適正意見が付された監査報告書が提出されるということがある。そのような報告書が提出された企業は資金調達が困難になり、上場企業であれば上場廃止に追い込まれるといったデメリットが生じる。

2　税　　務

　法人税法の目的は課税の公平性を確保し、租税回避を防止することである。法人税額は課税所得に税率を乗じることによって算定される[2]。税務では課税ベースとなる法人所得を適正に算定することが重要となる。

［会計基準］　税務に関しては詳細な課税所得算定ルールが存在する。主たるものは法人税法であり、その他に法人税法施行令・法人税基本通達などがある。なお、本章では便宜上、課税所得算定のために用いる基準についても「会計基準」という用語を用いる。

［監査システム］　わが国の法人税法は税務当局の処分により税額が確定する賦課課税方式ではなく、納税者の申告により税額が基本的に確定する申告納税方式を採用している。申告納税方式のもとでは、企業は課税所得を操作し、適正に申告しない可能性がある。この点に関連して、税務当局には質問検査権が与えられている。税務当局は必要に応じて税務調査を実施し、その結果、企業に修正申告書の提出を求め、あるいは税

---

[2]　実際には税額控除・所得控除などの規定があり、もう少し複雑である。

務当局自身が企業の税務申告書の更正を行うことがある。

［罰則規定］　税務の罰則の代表的なものに加算税がある。加算税は企業が申告および納税を適正に行っていない場合、本来支払うべき税額に付加して企業に課される税であり、過少申告加算税・無申告加算税・重加算税などがある。企業が税務申告書を期限内に提出しているが、税額が過少であって、税務当局がそれを発見したならば、企業には過少申告加算税が課される。

Ⅱ 数値がもつ意味

　本節では会計利益あるいは課税所得という数値がもつ意味に焦点をあて、会計と税務を対比する。まずモデルを設定し、それにもとづいて議論を展開する。なお本節では、会計・税務ともに会計基準と罰則規定は存在せず、税務において「税額は課税所得に税率を乗じた額とする」という規定だけが存在する状況を想定する。

1　モデル

(1)　会　計

　会計について、モデルを以下のように設定する。
［プレーヤー］　本来のプレーヤーは「企業」と「投資家」であるが、「自然」という仮想プレーヤーを追加する。自然は企業の真の業績を決定する偶然機構であり、企業自身は真の業績を左右できない。
［プレーヤーの手番］　最初に自然が企業の真の業績を選択し、次に企業が会計利益を決定する。最後に投資家が、投資に関する意思決定を行う。
［プレーヤーの選択肢］　自然の選択肢は「企業の真の業績が良好である」「企業の真の業績が低迷している」の2つで、自然は両者を等確率で選択する。企業の選択肢は「高利益」「低利益」の2つ、投資家の選択肢は「企業に投資する」「企業に投資しない」の2つである。
［プレーヤーの情報］　企業と投資家の間には情報の非対称性が存在する。企業は自然が決定した企業自身の真の業績を知っている。一方、投資家は自然が業績良好と業績低迷を等確率で選択することを知っている

が、自然の選択は観察不可能で、企業が選択した会計利益のみ観察可能である。

［プレーヤーの利得］ 利得とはプレーヤーの満足度を数値化したものである。プレーヤーの利得を図8-1の「規制導入前」のように設定する。カッコ内の数字がプレーヤーの利得であり、前の数字は企業の利得、後ろの数字は投資家の利得を示す。企業の利得は、業績良好時のほうが業績低迷時よりも大きく、また、投資を受けるほうが受けない場合よりも大きい。一方、投資家の利得は、投資を行わなければゼロである。投資を実施する場合は投資の収益性を考慮し、投資家の利得は業績良好時にはプラスの値、業績低迷時にはマイナスの値をとる。

(2) 税　務

　税務についても会計と同じ構造のモデルを採用するが、モデルの一部を変更する。プレーヤーは「自然」「企業」「税務当局」で、その手番は自然→企業→税務当局という順である。プレーヤーの選択肢は、自然は「業績良好」「業績低迷」の2つ、企業は「高利益」「低利益」（課税所得であるので「高所得」「低所得」とすべきだが、モデルでは便宜上このように表記する）の2つ、税務当局は「税務調査を実施する」「税務調査を実施しない」の2つである。プレーヤーの利得を図8-2の「規制導入前」のように設定する。カッコ内の前の数字は企業の利得、後ろの数字は税務当局の利得を示す。企業の利得は考え方としては「企業業績マイナス税額」、税務当局の利得は「税額マイナス調査コスト」である[3]。税務調査を実

3）図8-2では業績良好10、業績低迷2、高利益10、低利益2、税率50％、調査コスト1という数値を想定している。

図8-1

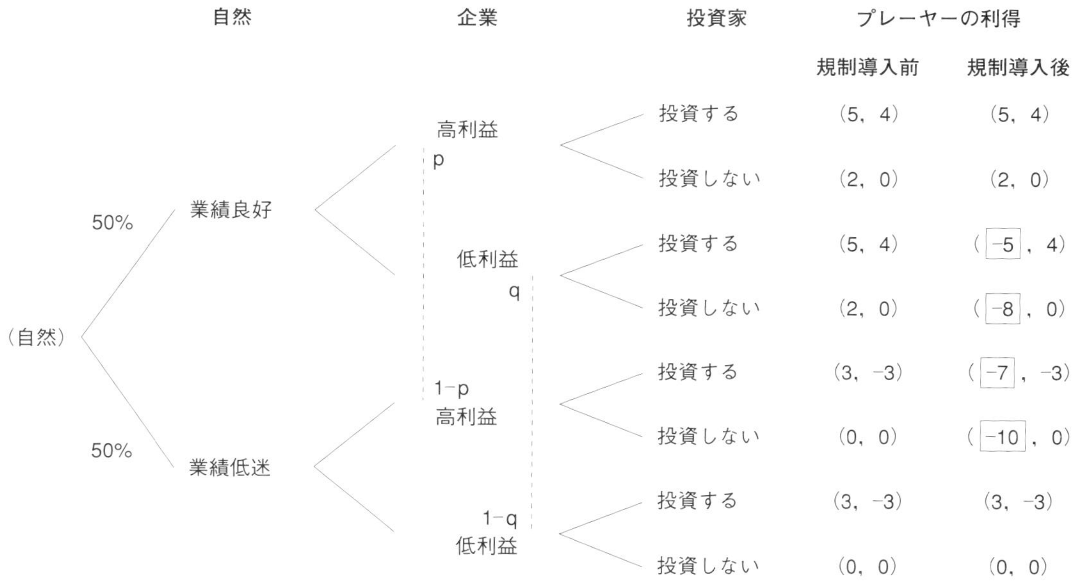

自然	企業	投資家	プレーヤーの利得	
			規制導入前	規制導入後

```
                                                    規制導入前    規制導入後
                         高利益 ──── 投資する      (5, 4)       (5, 4)
                        p  ╲ ────── 投資しない    (2, 0)       (2, 0)
          業績良好 ────┤
         ╱              q  ╱ ────── 投資する      (5, 4)       (-5, 4)
    50%  │            低利益 ──── 投資しない    (2, 0)       (-8, 0)
(自然)───┤
         ╲           1-p  高利益 ──── 投資する      (3, -3)      (-7, -3)
    50%  │                 ╲ ────── 投資しない    (0, 0)       (-10, 0)
          業績低迷 ────┤
                      1-q  低利益 ──── 投資する      (3, -3)      (3, -3)
                            ╲ ────── 投資しない    (0, 0)       (0, 0)
```

(前の数字:企業の利得、後ろの数字:投資家の利得)

第8章 会計と税務の比較検討 *211*

図8-2

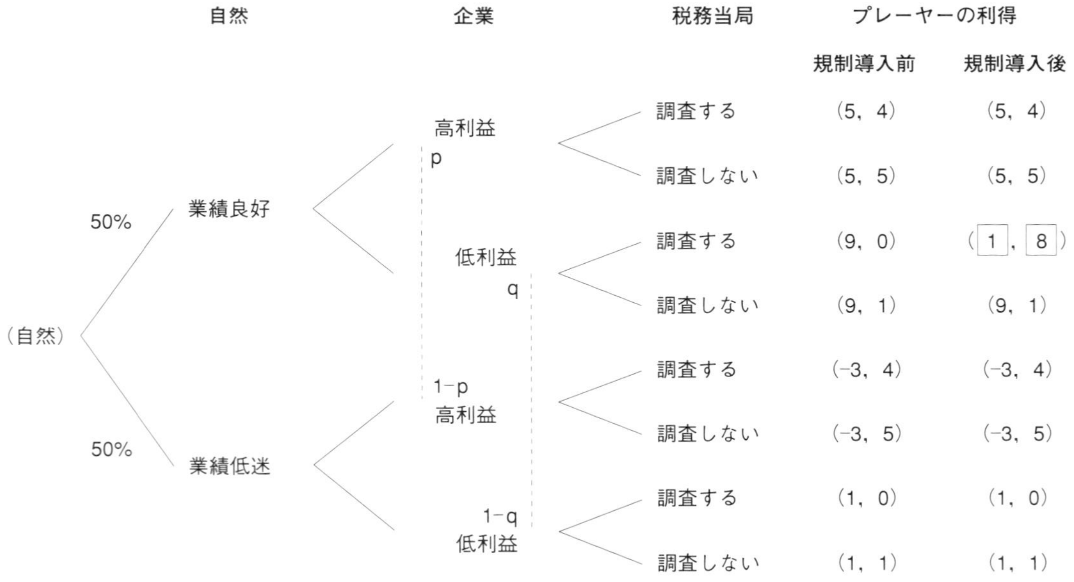

				プレーヤーの利得	
自然	企業	税務当局		規制導入前	規制導入後
	高利益 p	調査する		(5, 4)	(5, 4)
業績良好		調査しない		(5, 5)	(5, 5)
50%	低利益 q	調査する		(9, 0)	(1, 8)
		調査しない		(9, 1)	(9, 1)
50%	高利益 1-p	調査する		(-3, 4)	(-3, 4)
業績低迷		調査しない		(-3, 5)	(-3, 5)
	低利益 1-q	調査する		(1, 0)	(1, 0)
		調査しない		(1, 1)	(1, 1)

（前の数字：企業の利得、後ろの数字：税務当局の利得）

212

施すると税務当局に調査コストが発生する。

　なお監査担当者について、税務では税務当局をプレーヤーとしているが、会計では公認会計士をモデル上で明示していない。税務調査は税務当局の判断によって実施されるかどうかが決定されるのに対し、公認会計士監査は証取法会計の適用企業では常に実施されるというのがその理由である[4]。

　図8-1と図8-2では、利益とプレーヤーの利得の関係が異なる。企業業績および企業の利害関係者（投資家あるいは税務当局）の行動が同一であれば、各プレーヤーの利得は、会計では高利益と低利益で等しいが、税務では高利益と低利益で異なっている。この違いの意味については後で検討する。

2　考　察

(1)　一括型と分離型

　会計について、図8-1には企業の利得と投資家の利得が示されているが、ここでは企業の利得は無視して、投資家の利得だけを考慮する。企業は業績良好・業績低迷のそれぞれの場合に、「高利益」「低利益」のいずれを選択するのかという行動計画を立てるが、これは「企業の戦略」とよばれる[5]。「業績良好であれば高利益を、業績低迷であれば低利益

---

[4] 会計基準が存在する場合、この取扱いによると、会計では企業の会計基準違反が確実に発覚するが、税務ではそうとは限らない。

[5] 本章ではプレーヤーの戦略を純粋戦略に限定している。業績良好時に企業が高利益と低利益をそれぞれ一定の確率で選択するという混合戦略は考慮していない。

を選択する」を（高利益、低利益）と表現するならば、企業の戦略は（高利益、高利益）（高利益、低利益）（低利益、高利益）（低利益、低利益）の4通りである。このうち、（高利益、高利益）と（低利益、低利益）は業績にかかわらず同じ利益を選択する「一括型」、（高利益、低利益）と（低利益、高利益）は業績によって利益を変える「分離型」である。

投資家は高利益が示されたとき、それが図8-1の点線で結ばれた2つの高利益のいずれであるかを区別することができない。そこで、投資家は確率分布［p：1－p］で業績良好と業績低迷を判断する（ただし0≦p≦1）。低利益が示された場合も同様に、確率分布［q：1－q］で業績良好と業績低迷を判断する（ただし0≦q≦1）。これらの確率分布は「投資家の信念」とよばれる。

企業の戦略のうち分離型のもとでは、投資家は会計利益を通じて企業業績を識別でき、業績良好時には投資するが業績低迷時には投資しないことが可能である。（高利益、低利益）では（p＝1、q＝0）であるので、高利益ならば投資を実施し、低利益ならば投資を実施せず、投資家の期待利得は2［＝4×0.5＋0×0.5］となる。（低利益、高利益）では（p＝0、q＝1）であるので、高利益ならば投資を実施せず、低利益ならば投資を実施し、投資家の期待利得は2［＝0×0.5＋4×0.5］となる。それに対し、一括型のもとでは投資家は企業業績を識別できないため、業績良好の確率を自然の選択率である50％として投資の是非を判断するしかなく、「常に投資する」「常に投資しない」のいずれかになる。（高利益、高利益）と（低利益、低利益）の投資家の期待利得はともに、「常に投資を実施する」では0.5［＝4×0.5＋(－3)×0.5］、「常に投資を実

施しない」では0[＝0×0.5＋0×0.5]であり、常に投資を実施して0.5になる。このように、投資家の期待利得は分離型が一括型よりも大きく、投資家保護という観点からは分離型のほうが望ましい。

　税務についても、図8-2の企業の利得と税務当局の利得のうち、ここでは税務当局の利得だけに注目する。税務当局の選択は、企業業績あるいは企業の選択とは無関係に、常に「調査しない」になる。本節では会計基準と罰則規定が存在しない状況を想定しているため、企業がいかなる選択を行っても過少申告という概念は成立しない。よって、税務調査を実施しても増額更正することはできず、調査コストを発生させるにすぎないからである。税務当局の期待利得は（高利益、高利益）は5、（高利益、低利益）は3、（低利益、高利益）は3、（低利益、低利益）は1となり、（高利益、高利益）が最大である。

　国家財政の観点から、税収確保はもちろん重要な要素ではある。しかし、税務においては、税務当局の期待利得の大きさだけで制度の優劣を判断することはできない。（高利益、高利益）は一括型であるため、企業の業績に応じて課税所得を決定することができず、税額は常に一定になる。これでは法人「所得」課税とはいえず、いわば「人頭税」である。経済主体の負担能力に応じて税額を決定するという応能原則にもとづく課税を実現するためには、企業の戦略を分離型にする必要がある。

(2)　2つの分離型

　次に、（高利益、低利益）と（低利益、高利益）という2つの分離型を比較する。会計において、この2つは企業にとってまったく異なる選択である。また投資家の信念も、前者は（$p=1$, $q=0$）、後者は（$p=0$, q＝1）と異なっている。しかし、いずれも企業業績の識別が可能であって情報能力に差はなく、投資家の期待利得はともに2となる。投資家にとって2つの分離型の経済的意味は実質的に同じである。

　一方、税務については、税務当局の期待利得は（高利益、低利益）と（低利益、高利益）のいずれも3である。しかし、これらは税制上の意味が異なる。（低利益、高利益）では、業績良好の企業に軽課し、業績低迷の企業に重課することになり、企業業績に応じて適正に課税しているとはいえず、社会的に受け入れられる制度とはならない。税務では2つの分離型を区別し、（高利益、低利益）にすることが必要である。

(3) 数値の大きさ

　会計に関し、会計情報が具備すべき特性として「目的適合性」がある。これは「情報利用者に過去、現在および将来の事象もしくは成果の予測または事前の期待値の確認もしくは訂正を行わせることによって情報利用者の意思決定に影響を及ぼす情報の能力」[6]である。投資家にとって重要なことは企業の真の業績についての識別可能性であり、会計利益が識別可能性を有するものであれば投資家の信念は改訂される。会計利益は投資家の期待利得を向上させることに意味があり、企業ないし投資家の経済ポジションを直接決定づけるものではないため、会計利益の大きさ自体が意味をもつとはいえない。図8-1で企業業績および投資家の行動が同一であれば、各プレーヤーの利得が高利益と低利益で等しいことは、この点を示している。

　一方税務では、法人税額は課税所得に税率を乗じて算定されるため、

6）FASB（平松・広瀬訳　2002）60頁。

課税所得は税額という企業ないし税務当局のキャッシュ・フローに直結し、プレーヤーの経済ポジションを決定づける。よって、課税所得については数値の大きさ自体が重要となる。図8-2で企業業績および税務当局の行動が同一であっても、各プレーヤーの利得が高利益と低利益で異なることは、この点を示している。

会計では企業の真の業績に関する情報を投資家に伝達することが可能であれば、財務諸表本体ではなく注記その他のかたちをとってもよい。事実、会計については会計利益に影響しない開示規定が多く存在する。それに対し、税法規定の大部分は課税所得の計算にかかわるもので、開示規定が重要な位置を占める会計とは異なる。このことは上記の議論に通じる。

(4) 影響の連鎖

会計については、企業業績からプレーヤーの利得への影響の連鎖は、図8-3のようになる。会計利益の影響は「投資家の信念」「投資家の行動」を経由する間接的なものであり、会計利益の変化がプレーヤーの利得の変化につながるかは確定的でない。一方税務については、企業業績からプレーヤーの利得へのルートが図8-4のように2本ある。1本目は「税務当局の信念」「税務当局の行動」を経由するもので、会計と同様に、間接的なものである。2本目は「税務当局の信念」「税務当局の行動」を経由しない、より直接的なルートである。直接ルートは、企業が選択した課税所得に税率を乗じた数字がそのまま税額になることを示したものである。なお、間接ルートの税額は（会計基準および罰則規定が存在する場合の）税務調査にもとづく修正申告あるいは更正の可能性を考慮

図8-3

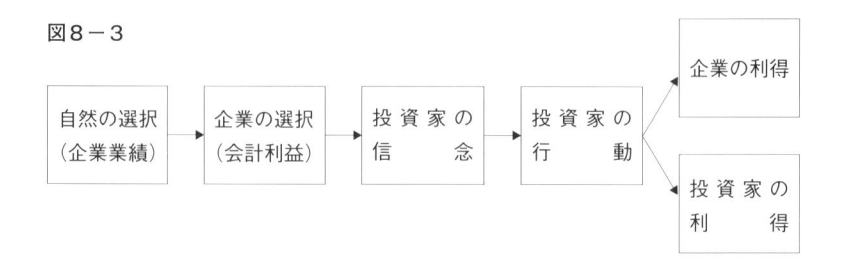

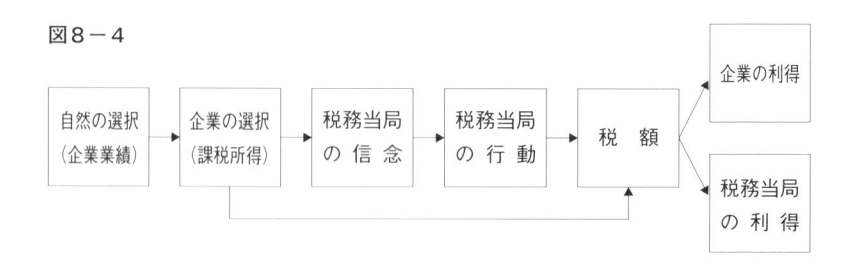

```
自然の選択      企業の選択     投資家の    投資家の         企業の利得
(企業業績)  →  (会計利益)  →   信 念   →   行 動
                                                        投資家の利得
```

図8-4

```
自然の選択      企業の選択     税務当局    税務当局                  企業の利得
(企業業績)  →  (課税所得)  →  の信念   →  の行動  →  税 額
                      └──────────────────────────────┘         税務当局の利得
```

したものである。税務には直接ルートが存在するため、課税所得が変化すると、たとえ税務当局の信念が変化しなくても、プレーヤーの利得は変化する。

(5) 会計における分離型

　企業の4つの戦略について、会計と税務はともに一括型よりも分離型のほうが望ましいこと、ならびに、税務では（高利益、低利益）にする必要があるのに対し、会計では投資家保護という点で（高利益、低利益）と（低利益、高利益）の2つは無差別であることを本節で指摘した。しかし、現実には会計と税務は完全に独立した計算システムではなく、コスト節約の観点などから、かなりの部分は共通のシステムである。ま

た、会計利益は配当可能利益・インセンティブ報酬制度などのかたちでも利用され、これらは会計利益という数値の大きさ自体が各経済主体のキャッシュ・フローの大きさと強く結びつく。よって、証取法会計を含む外部公表数値は（低利益、高利益）ではなく（高利益、低利益）にすることが求められる。そこで次節では、分離型のうち（高利益、低利益）を導き出すという方向で議論を進める。

このように、実際には会計と税務のいずれにおいても（高利益、低利益）が採用されるわけであるが、両者における数値の意味の違いを理解しておくことは重要であろう。

Ⅲ　規制の特徴

　本節では規制に焦点を当て、会計と税務を比較する。Ⅱでは利害関係者（投資家あるいは税務当局）の利得だけに注目したが、ここでは企業と利害関係者の利得をともに考慮する。企業は数値（会計利益あるいは課税所得）を通じて利害関係者の行動を変化させ、それが結果的に企業自身に影響が及ぶというように、企業と利害関係者の間にはゲーム的状況が存在する。

　そこで、本節ではゲーム理論の考え方を導入する。ゲーム理論を用いて経済状況を分析する場合、
- ゲームのルールを記述する
- ゲームの均衡を求める

という2段階のプロセスをとる。

1　モ デ ル

(1)　会　計

　会計について、ゲームのルールはⅡ-1-(1)のモデルをそのまま利用する（ただし、企業と投資家の利得をともに考慮する）。ゲームの均衡は「企業の戦略」「投資家の信念」「投資家の戦略」の整合的な組合せとして求められる[7]。投資家の戦略とは、高利益・低利益のそれぞれの場合に「投資する」「投資しない」のいずれを選択するのかという投資家の行動計

---

7) この均衡概念は完全ベイジアン均衡とよばれる。

画をいう。「高利益であれば投資し、低利益であれば投資しない」を（投資する、投資しない）と表現するならば、投資家の戦略は（投資する、投資する）（投資する、投資しない）（投資しない、投資する）（投資しない、投資しない）の4通りである。

　投資家の信念は、企業の戦略を所与として、ベイズの定理[8]を適用して決定される。投資家はその信念を所与とし、自らの期待利得が最大になるように戦略を決定する。一方、企業は投資家の戦略を所与として、自らの期待利得が最大になるように戦略を決定する。

　図8-1の「規制導入前」について、ゲームの均衡を求めると表8-1のようになる[9]。均衡にはいくつものパターンがあるが、それらはいずれも、企業の戦略は一括型であり、業績良好・業績低迷を問わず投資が実施されている[10]。

　均衡状態では企業と投資家はともに、その行動が相手の行動に対する最適反応になっているため、自ら進んで戦略を変更することはない。また、投資家が自ら進んで信念を改訂することはない。均衡でのプレーヤーの期待利得はいずれも、企業4、投資家0.5である。

　ここで「企業は業績良好ならば高利益を、業績低迷ならば低利益を選

---

[8] ベイズの定理は事象Aが起こったことを前提として事象Bの起こる確率を求める算法であり、AとBの両方が起こる確率をAが起こる事前確率で割ったものになる。

[9] 企業の戦略が（高利益、高利益）の場合、qの値をベイズの定理で求めることはできない。

[10] （高利益、高利益）かつ $0 \leq q \leq 3/7$ の場合、低利益に対する反応は「投資しない」であるが、（高利益、高利益）のもとで低利益が選択されることはない。

表8-1

企業の戦略	(高利益、高利益)	(高利益、高利益)	(低利益、低利益)	(低利益、低利益)
投資家の信念	p＝0.5 qは3/7≦q≦1の任意の値	p＝0.5 qは0≦q≦3/7の任意の値	pは3/7≦p≦1の任意の値 q＝0.5	pは0≦p≦3/7の任意の値 q＝0.5
投資家の戦略	(投資する、投資する)	(投資する、投資しない)	(投資する、投資する)	(投資しない、投資する)

択しなければならない」[11]という会計基準を設定するとともに、企業が会計基準に違反した場合、企業に罰則10を課すものとする。企業業績と会計利益の組合せは図8-5の①②③④の4通りであるが、②③は基準違反に該当し、プレーヤーの利得は図8-1の「規制導入後」のようになる。規制導入後のゲームの均衡は

　　企業の戦略　　：（高利益、低利益）
　　投資家の信念：（$p=1$、$q=0$）
　　投資家の戦略：（投資する、投資しない）

で、プレーヤーの期待利得は企業2.5、投資家2である。

　規制導入前は企業の戦略が（高利益、高利益）または（低利益、低利益）という一括型であったため、投資家は企業の業績を識別することが不可能であり、企業業績にかかわらず常に投資を実施した。それに対し、規制導入後は（高利益、低利益）という分離型であるので、投資家は企

---

[11] 実際の会計基準は個別項目に関する会計処理を規定しており、それらが組み合わさって会計利益が決定される。

図8-5

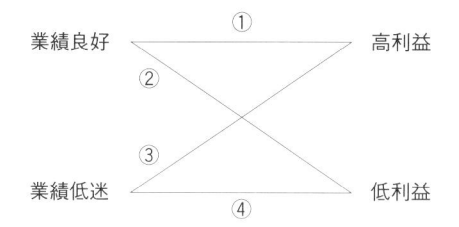

```
業績良好 ————①———— 高利益
        ②
        ③
業績低迷 ————④———— 低利益
```

業業績を識別でき、業績良好時にのみ投資を実施する。その結果、投資家の期待利得は0.5から2に上昇している。規制の導入は投資家保護の観点からは有効であるといえる。なお、企業の立場からすると、規制導入前は資金調達が常に可能であったが、規制導入後は業績良好時のみ可能であり、企業の期待利得は4から2.5に低下している。

(2) 税　務

　税務について、ゲームのルールはⅡ-1-(2)のモデルを利用する（ただし、企業と税務当局の利得をともに考慮する）[12]。ゲームの均衡は「企業の戦略」「税務当局の信念」「税務当局の戦略」の整合的な組合せとして求められる。税務当局の戦略は、高利益・低利益のそれぞれの場合に「調査する」「調査しない」のいずれを選択するのかという税務当局の行動計画であり、（調査する、調査する）（調査する、調査しない）（調査しない、調査する）（調査しない、調査しない）の4通りである。図8-2

---

12) このモデルは企業と税務当局による戦略的行動を取り上げた「査察ゲーム」の基本的なものである。査察ゲームはGraetz et al.（1986）によって提示され、その後Rhoades（1999）などによってモデルの精緻化がはかられている。

の「規制導入前」について、ゲームの均衡を求めると

　　　企業の戦略　　　：(低利益、低利益)

　　　税務当局の信念：(pは0≦p≦1の任意の値、q = 0.5)

　　　税務当局の戦略：(調査しない、調査しない)

で、プレーヤーの期待利得は企業5、税務当局1である。

　ここで、税務においても「企業は業績良好ならば高利益を、業績低迷ならば低利益を選択しなければならない」という（証取法）会計と同一の会計基準を設定し、罰則として過少申告加算税を導入する。過少申告が発覚すると、課税所得が増額更正されるとともに過少申告加算税が企業に課されることになり、プレーヤーの利得を図8-2の「規制導入後」のようにする[13]。規制導入後のゲームの均衡は

　　　企業の戦略　　　：(高利益、低利益)

　　　税務当局の信念：(p = 1、q = 0)

　　　税務当局の戦略：(調査しない、調査しない)

で、プレーヤーの期待利得は企業3、税務当局3である。規制導入後に(低利益、低利益)を選択すると、低利益に対する税務当局の反応は「調査する」であるから、過少申告が発覚する。企業はそのような税務当局の反応を読み込み、(高利益、低利益)を選択する。

　規制導入前は企業の戦略は(低利益、低利益)という一括型であったが、規制導入後は(高利益、低利益)という分離型であり、企業業績に応じた課税が可能となっている。なお、加算税が企業に課されるケースは税務当局が「調査する」を選択していることを前提とするが、そこで

---

13) 数値的には、過少申告加算税をあわせた税率を90%としている。

は調査コストが発生している。調査コスト自体は企業の利得に直接的には影響を及ぼさず[14]税務当局の利得を低下させるものであり、両プレーヤーの利得をあわせて考えると、調査コストは社会的な損失であるといえる。加算税は制度としては必要だが、実際に企業に課されることなく適正申告される状況が望ましく、規制導入後はそれが達成されている。

2 考　察

(1) 規制の導入

規制をゲーム論的に解釈すると、企業と利害関係者がプレーヤーであるゲームの「ルール」を設定することであるといえる。規制の変更（以下、規制の変更には規制の新規導入を含む）は、ゲームのルールのうち、あるプレーヤーの利得を変化させる。ここで特定のプレーヤーの利得の変化に注目すると

(ア)　ゲームの「ルール」における当該プレーヤーの利得が変化する

(イ)　ゲームの「均衡」における当該プレーヤーの期待利得が変化する

という2つのケースが考えられる。

会計では図8-1の四角囲みの数字が示すように、規制導入によって基準違反時の企業の利得はそれぞれ10だけ低下しているが、投資家の利得は変化していない。会計にかかる投資家保護とは、ゲームの「ルール」における投資家の利得を上昇させるものではなく、ゲームの「均衡」における投資家の期待利得を上昇させるものである。均衡での投資家の期待利得は0.5から2に上昇している。

---

[14] 税務当局の行動を通じて、間接的には企業の利得に影響を及ぼす。

一方、税務では図8-2の四角囲みの数字が示すように、規制導入によって、過少申告が税務調査で発覚した場合の企業の利得は9から1に低下し、税務当局の利得は0から8に上昇している。税務での規制導入は、過少申告発覚時に限られるが、ゲームの「ルール」において、企業の利得を低下させるとともに、税務当局の利得を上昇させている[15]。その帰結として、ゲームの「均衡」における企業の期待利得は5から3に低下し、税務当局の期待利得は1から3に上昇している。

(2) 罰則の適用範囲

　会計では、「粉飾」「逆粉飾」という言葉が使われることからもわかるように、企業に対する罰則は会計利益の過大計上と過少計上の両方に適用される（図8-1の四角囲みの数字を参照）。それに対し、税務で企業に罰則が課されるのは、課税所得を過少申告している場合に限られる（図8-2の四角囲みの数字を参照）[16]。過少申告加算税は制度として存在するが、「過大申告加算税」というものは存在しない。

　Ⅱ-2-(5)で述べたように、規制はゲームのルールを変更することによって、（高利益、低利益）という分離均衡を導き出すことを意図している。利害関係者の行動が一定である場合の、企業の利得の大小関係は表8-2のようになる（税務については「調査する」を前提としている）。

　「規制導入前」の欄から「規制導入後」の欄に変化させるためには、

---

15) 税務では、企業の代表者等が法人税法違反に関する個人的責任を追求されることがある。これについては、ゲームの「ルール」の段階では企業の利得が低下するだけで、税務当局の利得は不変である。

16) 罰則が課されるのは税務調査によって過少申告が発覚した場合だけである。

表8-2

		規制導入前	規制導入後
会　計	業績良好	高利益＝低利益	高利益＞低利益
	業績低迷	高利益＝低利益	高利益＜低利益
税　務	業績良好	高利益＜低利益	高利益＞低利益
	業績低迷	高利益＜低利益	高利益＜低利益

　会計では業績良好・業績低迷のいずれも企業の利得を変更する必要があり、会計利益の過大計上と過少計上がともに罰せられる。それに対し、税務では業績良好時の企業の利得だけを変更すればよく、課税所得の過少申告についてのみ罰則が課される。過大申告に対する罰則がなくても、応能原則にもとづく課税は達成できる。

(3) 会計基準の変更

　規制の変更は「会計基準の変更」「監査システムの変更」「罰則規定の変更」のうちの1つあるいは複数の組合せである。ここでは会計基準の変更について考える。会計では、会計基準は企業に対して罰則を適用するか否かを判断する基準として意味をもつ。それに対して、税務では会計基準は罰則適用の判断基準にとどまらず、課税ベースの決定において強い影響を有する。それゆえ、会計基準を変更した場合にプレーヤーの利得が変化するケースは、税務のほうが会計よりも多いといえる[17]。

---

17) 税務でも、罰則や調査コストの大きさによっては、企業が会計基準に違反する課税所得を選択し、基準変更がプレーヤーの利得に影響を及ぼさないことがある。

このことを例によって考える。Ⅲ-2-(1)ならびに図8-1・8-2の「規制導入後」が現行制度であるとする。ここで、企業の選択肢を「超高利益」「高利益」「低利益」（ただし、超高利益＞高利益＞低利益）の３つにしたうえで、会計基準を「企業は業績良好ならば超高利益を、業績低迷ならば低利益を選択しなければならない」に変更したとする。なお、罰則は企業の会計基準違反を防止するには十分な大きさであるとする。会計について、ゲームの均衡における企業業績・会計利益・投資家行動の関係は、会計基準変更後では

　　業績良好――超高利益――投資する

　　業績低迷――低利益――投資しない

となる。会計基準変更前とは業績良好時の会計利益だけが異なっており、投資家の行動は変化していない。したがって、この会計基準変更では両プレーヤーの利得は変化しない。一方税務について、会計基準変更後は

　　業績良好――超高利益――調査しない

　　業績低迷――低利益――調査しない

となる。会計基準変更前と変更後で業績良好時の課税所得だけが異なる状況は、会計と同様である。ただし、税務では業績良好時の課税ベースが拡大しており、税額は増大している。よって、企業の期待利得は低下し、税務当局の期待利得は上昇する。このように、会計と税務では、会計基準変更がプレーヤーの利得にもたらす影響が異なる。

(4)　利害の対立

　税務では、税額は企業の利得のマイナス要因、税務当局の利得のプラス要因であり、税額の変化はプレーヤー間の利得移転を生じさせる。

Ⅲ-2-(1)で規制の新規導入を、Ⅲ-2-(3)で会計基準の変更を取り上げたが、これらはプレーヤー間の利害対立をもたらしている。ゲームのルールのうち「プレーヤーの利得」について、一方の利得を引き上げ、他方の利得を引き下げるというように、ゲームの「ルール」の段階で対立状況が生じている[18]。

　一方会計での規制変更は、ゲームの「ルール」の段階では、企業が特定の会計選択を行う際の企業の利得を低下させるが、投資家の利得は変化しない。そのため、ゲームの「ルール」の段階では企業と投資家の間で直接的な利得移転はなく、対立の状況は税務ほど明確でない。ただしⅢ-2-(1)では、規制導入によって投資家の期待利得は0.5から2に上昇しているのに対し、企業の期待利得は4から2.5に低下している。会計では、ゲームの「均衡」を観察すると、そこではプレーヤー間の利害対立が存在しているのがわかる。

　このように、プレーヤー間の利害の対立は、税務ではゲームの「ルール」で生じるのに対し、会計ではゲームの「均衡」で生じる。つまり、税務では目に見えるかたちで、会計では見えにくいかたちで、対立が発生しているといえる。

(5) 影響の連鎖

　会計における規制変更は、保護対象たる投資家ではない企業の利得を低下させるようにゲームの「ルール」を変更することであり、それがゲームの「均衡」での投資家の期待利得の上昇につながる必要がある。Ⅲ-

---

18) 規制導入の結果、税務当局の期待利得は上昇するのに対し、企業の期待利得は低下しており、ゲームの「均衡」でも対立は存在する。

2-(1)では規制導入がそのような状況をもたらしているが、そうならないケースもある。規制が失敗する原因として、影響の連鎖が切断されるということがある。会計では図8-3からわかるように

(ア) 規制の変更によって会計利益が変化する
(イ) 会計利益の変化によって投資家の信念が変化する
(ウ) 投資家の信念の変化によって投資家の行動が変化する

という箇所に切断の可能性がある。一方、税務については図8-4からわかるように

(エ) 規制の変更によって課税所得が変化する
(オ) 課税所得の変化によって税務当局の信念が変化する
(カ) 税務当局の信念の変化によって税務当局の行動が変化する

という箇所に切断の可能性がある。

(ア)(イ)(ウ)を含む会計と、(エ)(オ)(カ)を含む税務の間接ルートでは、状況が類似している。ただし、税務には図8-4が示すように、(オ)(カ)を経由しない直接ルートが存在する。そのため、(エ)が生じると(オ)と(カ)が生じなくても税額が変化し、各プレーヤーの利得は変化する。よって、税務の規制の成否はかなりの程度(エ)にかかってくる。影響の連鎖の切断を原因とする規制の失敗は、税務のほうが会計より少ないといえる。

(6) 規制の事後評価

規制を変更した場合、その効果を事後的に検証すべきである。会計では、規制変更が効果的でなければ、Ⅲ-2-(5)で示した(ア)(イ)(ウ)のいずれに原因があるのかを把握することが必要である。(ア)の有無は比較的容易に観察できる。投資家の利得構造によっては(ウ)が生じないことがあ

る。例として、図8-1において投資家は確実に利益獲得が可能な別の投資機会を有し、「投資しない」の投資家の利得がすべて5であるならば、投資家の信念とは無関係に、投資家は常に「投資しない」を選択する[19]。会計の情報提供機能において特に重要となるのは(イ)である。(イ)は生じているが(ウ)が生じていない場合、規制に問題があるとは必ずしもいえない。ただ、現実には(イ)の有無を直接観察することは不可能で、(イ)を(ウ)から分離して把握することは困難である。このように、会計については、規制が効果的であったか否かを事後評価することも簡単とはいえない[20]。

一方、税務の規制については、III-2-(5)で示した(エ)(オ)(カ)を経由するルートは会計と同様であるが、(オ)(カ)を経由しないルートがあるため、観察が比較的容易な(エ)が重要となる。よって、税務の規制の事後評価は会計ほど難しくないといえる。

規制を適切に設定するのは困難な作業であるが、難しさの内容が会計と税務では異なる。税務は規制変更の段階でのプレーヤー間の利害対立が鮮明で、企業の反発を招くケースが多い[21]。それゆえ、税制の問題はしばしば政治的決着がはかられる。税務の難しさは規制変更を実行す

---

19) このケースでは投資家はゲームに参加していないといえる。
20) 藤井(2002)は意思決定有用性アプローチについて、反証可能性を欠くものであると指摘している。
21) 税務当局はゲームのプレーヤーであるが、法人税基本通達を発遣するなど、ゲームのルールの設定にも携わっている。税務当局が自己の利得を増大させるようにルールを変更することは、企業の抵抗感が増す一因となる。

ることにあるといえる。ただし、税務では、企業の反発を抑えて規制変更を行うと、規制の失敗は比較的起こりにくい。一方会計では、規制変更時の企業の反発は税務ほど強くはない。しかし、規制が意図したように投資家の期待利得を上昇させるとは限らない。また、会計では規制の効果を事後的に評価することも難しい。

Ⅳ　結びにかえて

　会計と税務は類似するシステムであるが、異なる点も多く存在する。本章では単純なモデルを用いて、経済的な視点から両者を対比した。検討結果をまとめると次のようになる。

- 会計と税務はともに、目的達成（会計では投資家保護、税務では応能課税の実現）のためには、企業業績にかかわらず同じ利益が選択されるのではなく、企業業績に応じて異なる利益が選択される必要がある。
- 税務では課税所得の大きさ自体が重要であるが、会計では会計利益の大きさ自体は重要でない。
- 数値（会計利益あるいは課税所得）から各プレーヤーの利得への影響は、会計では「投資家の信念」「投資家の行動」を経由する間接的なものである。税務では「税務当局の信念」「税務当局の行動」を経由する間接的なものと、経由しない直接的なものがある。
- 会計基準に違反すると企業に罰則が課される。税務については、罰則は「ゲームのルール」の段階で、企業の利得を低下させるとともに税務当局の利得を上昇させる。会計については、罰則は「ゲームのルール」の段階では、企業の利得を低下させるが、投資家の利得は変化しない。投資家の利得は「ゲームの均衡」の段階で変化する。
- 企業に罰則が課されるのは、会計では会計利益の過大計上と過少計上の両方であるが、税務では課税所得の過少計上だけである。
- 会計基準を変更した場合、会計よりも税務のほうが各プレーヤーの利

得に影響を及ぼしやすい。
- 規制の変更はプレーヤー間の利害対立をもたらす。会計よりも税務のほうが対立は鮮明であり、企業の反発を招きやすい。
- 規制を変更しても、意図したようにプレーヤーの利得が変化するとは限らない。影響の連鎖の切断を原因とする規制の失敗は、税務よりも会計のほうが生じやすい。
- 規制の効果を事後的に評価することは、税務よりも会計のほうが難しい。

　本章での考察は、モデルから新しい内容を導出したというよりも、モデルを用いて筆者の見解を提示したという色彩が強いが、文章だけによる説明よりも議論は明確になったと考える。会計と税務の相違について、伝統的なアプローチでは気がつかないことを指摘できたという点で、このような研究にもそれなりの価値はあろう。

【参考文献】

FASB, *Statement of Financial Accounting Concepts No.2, Qualitative Characteristics of Accounting Information,* 1980.（平松一夫・広瀬義州訳『FASB財務会計の諸概念（増補版）』中央経済社、2002年）

Gibbons, R., *Game Theory for Applied Economists,* Princeton University Press, 1992.（福岡正夫・須田伸一訳『経済学のためのゲーム理論入門』創文社、1995年）

Graetz, M. J., Reinganum, J. F. and Wilde, L. L., "The Tax Compliance Game : Toward an Interactive Theory of Law Enforcement," *Journal of Law, Economics and Organization* 2(1), 1986.

Rhoades, S. C., "The Impact of Multiple Component Reporting on Tax Compliance and Audit Strategies," *The Accounting Review* 74(1), 1999.

貝塚啓明『財政学（第3版）』東京大学出版会、2003年。

金子宏『租税法（第10版）』弘文堂、2005年。

田村威文「会計規制強化の経済的意味と効果」『会計』161巻5号、2002年。

藤井秀樹「英米型会計規制の信念としての意思決定有用性アプローチ」『JICPAジャーナル』14巻8号、2002年。

終　章———要約と今後の課題

　本書では、わが国における会計と税務の関係をテーマとして取り上げ、両者の密接な結びつきとそれがもたらす影響、結びつきの緩和状況などについて考察した。

　各章の内容であるが、第1章ではトライアングル体制を取り上げた。会計と税務の関係をさらに詳細にみると、証取法会計・商法会計・税務会計の3者の関係であるといえる。わが国の企業会計制度は、これら3つの会計が密接に結びつくトライアングル体制という特徴を有している。商法会計における配当規制、税務会計における確定決算主義は、証取法会計に強い影響を及ぼしてきた。なお近年、会計基準・商法・税法は大幅に改正され、税効果会計が全面的に導入されたが、そのことにより、3つの会計制度の結びつきは以前より弱まった。

　第2章から第4章では個別事象において、会計と税務の結びつき（絡み合いといってもよい）がどのような影響を及ぼしてきたのかを考察した。

まず第2章では、退職給付を取り上げた。会計と税務は、1998年以前は密接に結びついていたが、同年以降は分離傾向を示している。退職給付にかかる引当て計上について、会計では増大、税務では縮減というように、両者は正反対の方向を歩んだ。また、第2章では退職給付に関する会計基準と税法規定の比較を通じて、会計と税務が有する質的特性を考察した。具体的には、予測計算と確定計算、選択性と画一性、複雑さと簡便さ、法的形式と経済的実態、時間の取扱い、ストック計算とフロー計算という点について、会計と税務を対比した。

　第3章では、トライアングル体制が合併に及ぼす影響を考察した。わが国では、以前は合併に関する会計基準が整備されておらず、会計処理にかかる経営者の裁量の余地は非常に大きかった。ただ、税法と商法の規定が合併の会計処理を実質的に決定づけていた。具体的に検討した項目は、資産の引継ぎ、資本項目の引継ぎ、営業権の計上、被合併会社の欠損金である。なお、合併にかかる会計基準と税法規定はともに抜本的な改正がなされたが、改正後の会計と税務の関係についても考察した。

　第4章では、わが国において会計および税制が金融機関の不良債権処理とどのようにかかわっているのかを、会計制度間の相互関連性、税効果会計の導入、会計数値の硬度と会計数値の利用方法の関係、という点に注目して考察した。その際、証取法会計・商法会計・税務会計の3つに監督目的会計をあわせた「トライアングル・プラスワン体制」という概念を導入した。そして会計・税制について、損金経理要件を解除する、自己資本比率規制を弾力的に適用する、無税償却の範囲を拡大する場合でも税法規定の画一性・客観性は維持する、という方向性を示した。

第5章と第6章では財務会計に関するテーマを取り上げ、それを税務とかかわらせて考察した。まず第5章では、無償資産譲渡について、会計上で収益として計上することの妥当性を検討した。企業が資産を無償で譲渡した場合、税務では譲渡資産に適正時価を適用して益金の額に算入するのに対し、会計では収益を計上するという会計基準は存在せず、そのような会計慣行もない。考察にあたっては、税務処理との比較を重視し、税務における益金算入の根拠を会計にあてはめ、さらに、近年の会計制度の変更を考慮に入れた。そして、会計上も収益計上すべきであるという見解を示した。

　第6章では、中小企業の会計における裁量行動について検討した。会計実務では経営者の裁量行動は不可避的に生じるが、その程度は大企業よりも中小企業のほうが大きい。中小企業の裁量行動の特徴を説明したうえで、公認会計士監査の対象外であっても裁量に対する歯止めが存在することを、会計と税務の結びつきを手がかりとして検討した。さらに、中小企業で幅広い裁量が生じているのは利害関係者にとって、それなりに合理的であることを示した。

　第7章と第8章では経済学的なアプローチによって、会計と税務の関係を考察した。まず第7章では、会計・税務のコストとベネフィットに焦点をあて、ミクロ経済学の基本的な方法論を用いて、確定決算主義について考察した。確定決算主義を表現するモデルを構築し、それにもとづいて、確定決算主義廃止論の吟味、企業規模と確定決算主義、税効果会計と確定決算主義、会計と税務の結合強度の最適水準、という点について検討を行った。

第8章ではゲーム理論の考え方を用いて、会計と税務を比較検討した。会計・税務に関わる経済主体は多様であるが、会計については企業と投資家、税務については企業と税務当局に限定し、数値例による単純なモデルに依拠して考察を行った。対比にあたっては、会計利益・課税所得という数値の意味、および規制の特徴に焦点をあてた。そして、会計と税務では、税務の方が規制を実施するという点では難しいが、規制の失敗は起こりにくく、規制の事後評価も容易であることなどを示した。

　全般的な傾向として、わが国では、以前は会計と税務が強く結びついていたが、近年、その結びつきは緩和されてきている。「会計と税務では目的が異なるので、両者が乖離してもなんら問題はなく、差異については税効果会計で処理すればよい」という見解は存在する。ただ、その考え方ははたして妥当といえるのかというのが、はしがきで述べたように、筆者の以前からの問題意識であり、本書の出発点でもあった。

　企業の「もうけ」という数値は、キャッシュ・フローのように直接観察できるものではない。キャッシュ・フローに配分と対応といった操作を加えて、人工的に作り上げられた数値である。「もうけ」については、長い年月をかけて妥当とされる概念が形成されてきたが、それが会計上の利益である[1]。法人税は「企業のもうけ」に対して課される税であると、筆者は理解している。少なくとも、現時点ではそうであろう。その「もうけ」である課税所得が会計利益から離れすぎると、課税所得の意

---

1) 現在でも、純利益と包括利益のどちらが適切かといったことで、この議論は続いている。

味がぼやける。その結果、「法人税は企業の何に対して課税するものなのか」という、最も素朴であると同時に最も本質的である問題について、答えることが容易ではなくなる。法人税を「所得課税」から「キャッシュ・フロー課税」に変更するというのは1つの考え方である。しかし、そうでないのに課税ベースを大きく変えることには、若干疑問がある。

会計と税務の強い結びつきは、合併については第3章で示したように、以前は極端なかたちでの逆基準性を引き起こし、弊害があったことは否定できない。だが、すべてがそういうわけではない。税務上の引当金は、第2章で検討した退職給付もそうであるが、準備金とは異なり、政策的な理由によって制度が設けられたのではない。しかし、法人税率の引下げと課税ベースの拡大という理由から、引当金の縮減が行われた。また、税務上、建物の減価償却方法が定額法に限定されたが、定額法と定率法の選択適用が認められている機械や備品と建物の間に特に違いがあるとは思えない。法人税率の引下げということが重要であるとしても、課税ベースを拡大することで課税所得の概念があいまいになると、法人税に対する信頼性が損なわれるという危険性がある。

会計と税務をできるだけ調整するという方針が転換された結果、法人税法改正に対する歯止めは失われた。よって、税務は会計からさらに乖離する可能性がある。だが、会計と税務の分離傾向については、何かをきっかけとして、調整の方向に回帰することがまったくないとはいえない。税務はできるだけ会計に合わせるべきであるという主張と、税務は会計にこだわる必要はないという主張がある。これら真っ向から対立する見解が併存するなか、超長期的なスパンでとらえた場合、もしかする

と、制度自体が振子のように揺れているだけかもしれない。

　本書の内容は、会計と税務の関係はどのようなものか、両者の関係はいかなる影響を及ぼしてきたのか、両者の関係はどのように変化したのかといった「事実解明的考察」が中心であった。会計と税務の関係はどうあるべきかという「規範論的考察」は、十分に行われたとはいえない。しかし、筆者がより関心を有しているのは規範論のほうである[2]。そこには
　㋐　会計と税務の距離はどうあるべきか
　㋑　会計と税務の位置関係はどうあるべきか
という論点が存在する。

　まず、㋐の「会計と税務の距離」という点であるが、調整重視から分離傾向というような方針の転換があったが、会計と税務が完全に一致している状態から完全に分離している状態に移行したわけではなく、それは程度問題である。㋐は「会計と税務の結びつきの最適強度はどのようなものか」という問題である。この点は、ごく簡単にではあるが、第7章で取り上げた。

　また、㋑の「会計と税務の位置関係」の意味するところであるが、かりに会計と税務を接近させることを前提とするならば、①税務を会計に近づける、②会計を税務に近づける、という2つの方向がある。多くの場合、①の方向が想定されている。1998年以前の会計と税務の調整に

2）規範論を説得力あるかたちで展開するには、その前提として、事実の解明が必要であろう。

おいても、その大半は①の方向であった。また、2006年度税制改正に対する日本公認会計士協会の意見・要望には「法人税法の改正に当たっては、企業会計の基準を十分に尊重すること」「退職給付引当金を税務上も認めること」という項目が含まれているが、これも①である。ただ、本書の第5章で、無償資産譲渡については会計上も税務と同様に収益計上すべきであるという考えを示したが、これは②の方向である。②の方向をとるべき項目はそれほど多くないにせよ、他にも存在するであろう。

　「会計と税務のあるべき関係を探る」というテーマは、言葉でいうのは簡単であるが、そこに影響する要因を明確にすることをはじめ、その作業は極めて困難である。会計基準については国際的動向を考慮しなければならない。税制については歳入の確保という点も重要である。会計利益と課税所得では、第2章でみたように質的相違が存在し、第8章でみたように各経済主体への影響のしかたも異なる。会計と税務の結びつきの強さ（すなわち、会計と税務の距離）は第7章でみたように、計算コストなどに影響する。本書では取り上げていないが、会計と税務の調整の歴史的経緯を検討することも重要である。

　会計基準と税法規定の関係のあるべき姿、さらに会社法をあわせた「トライアングル体制」のあるべき姿の探索は、難しい課題であるが、今後も引き続き取り組んでいきたい。

著者紹介

田村 威文（たむら たけふみ）

1965年　兵庫県生まれ
1988年　大阪大学経済学部卒業
1991年　公認会計士第3次試験合格
1993年　大阪大学大学院経済学研究科博士後期課程中退
同　年　大阪国際大学経営情報学部助手
　　　　（専任講師・助教授を経て）
2002年　中央大学経済学部助教授
2004年　中央大学経済学部教授（現在に至る）

〔主要著作〕

『イントロダクション財務会計』（共著）、同文舘、1995年。
『イントロダクション国際会計』（共著）、同文舘、2000年。
「会計基準の調和化に関するモデル分析」『会計』159巻6号、2001年。
「会計規制強化の経済的意味と効果」『会計』161巻5号、2002年。

わが国における会計と税務の関係

平成18年4月17日　発行

著　者　田村　威文 ©

発行者　小　泉　定　裕

発行所　株式会社　清文社

大阪市北区天神橋2丁目北2―6（大和南森町ビル）
〒530-0041 ☎06(6135)4050 Fax 06(6135)4059 振替00900-0-18351
東京都千代田区神田司町2―8―4（吹田屋ビル）
〒101-0048 ☎03(5289)9931 Fax 03(5289)9917 振替00180-5-101996
広島市中区銀山町2―4（高東ビル）
〒730-0022 ☎082(243)5233 Fax 082(243)5293 振替01310-2-29252

http：//www.skattsei.co.jp/

印刷・製本　亜細亜印刷株式会社

■著作権法により無断写複製は禁止されています。
■落丁・乱丁本はお取替えいたします。

ISBN 4-433-22885-0 〈O〉

地方公営企業会計論
兵庫県立大学経営学部教授　瓦田太賀四　著

地方公営企業法適用企業における会計の基本原則を分析し、他の類似事業への適応可能性を論じる研究文献。　■A5判240頁（上製）/定価 2,310円（税込）

リスク管理と公共財供給
東京大学大学院経済学研究科教授　井堀利宏　著

公共的な財・サービスを官と民でどのように供給すべきか、その役割分担や特殊法人の民営化、国際貢献のあり方など、公共財供給にかかわる争点を論述。
■A5判250頁（上製）/定価 2,310円（税込）

どう臨む、財政危機下の税制改革
関西大学経済学部教授　林　宏昭　著

わが国財政の現状を直視し、欧米の近年の財政再建に学びながら、議論の進む所得税改革、社会保障財源改革、地方税改革等を論じ、財政再建と税制改革の両立を提言する。
■A5判256頁（上製）/定価 2,310円（税込）

アメリカ国際租税法【第3版】
リチャード・L・ドーンバーグ　著/川端康之　監訳

基礎概念の概観に始まり、非居住者に対する遺産・贈与税、あるいは外国贈賄禁止規定等まで網羅的に記述。　■A5判352頁/定価 3,150円（税込）

信託課税法 ―その課題と展望
占部裕典　著

信託税制の問題点を明らかにし、信託先進国における信託税制の研究を踏まえ、わが国の信託課税改革の方向を提言。　■A5判376頁（上製）/定価 3,360円（税込）

租税条約論　租税条約の解釈及び適用と国内法
谷口勢津夫　著

租税条約と国内税法との適用関係を法理論的に考察し、かつ両法の抵触・競合問題を個別的・具体的に解説。　■A5判360頁（上製・函入）/定価 3,675円（税込）